南懷瑾文化

一個學佛者的基本信念

南懷瑾◎講述

目錄

一個學佛者的基本信念
——華嚴經普賢行願品講錄

十方禪林禪修記錄小組整理

南師懷瑾先生民國七十四年（西元一九八五年）元月
講於十方禪林寒假共修會

你們目前這幾天用功修持準提法，一開始還算精進、專一，但是連續的幾個七期，是否能堅此一念，貫徹始終，甚至法會圓滿後，仍然能將自己全部身心投注於準提佛母無盡無邊的深妙法海中，那就要看各人所發成就無上菩提的願心，是否真切而定了。

修持密法，或者顯教的各種法門，所為何來？講究的還不是經過如法的修習，得到圓滿成就。成就的時候自然解脫，自然成佛。千萬不要有世俗做生意的投機心理，心存利害關係，計較取捨，那是芝麻綠豆大的小事，微不足道。功名富貴是過眼雲煙，成佛成魔也是過眼雲煙。真正成佛解脫者，是連佛也不成。無所謂佛，也無所謂魔，當下成就，一切解脫。

你們有的在這裡聽課、修行了那麼久，雖然有點效果，但是一切眾生的根本大病——我相、見思二惑，以至貪瞋癡等等，仍去不掉，修行還沒有真正得力。為什麼呢？大家以為自己已經在用功修行，其實往往只是坐在那裡貪圖自己那點清淨的感受而已，這不是道啊！修行得不到佛經上所說的那些根本變化身心氣質的受用，原因在於沒有發起懇切求法的求道之心，身口意三業沒有虔敬專一地投入普賢菩薩廣大深密的行願海中，談不上對釋迦牟尼佛苦口婆心所說的教法，身體力行去「信受奉行」，你們有嗎？

所以，有許多人學佛學了一輩子，到底所為何來？「因地不真，果遭紆曲」，迷迷糊糊鑽了大半生，世法出世法搞得兩頭空，何苦啊?!

再慎重地告訴大家，修密法沒有祕密，密在各人心中。而準提法是密法中的別法，特別殊勝的法門，它包括了止觀，包括了參禪，同時包括了淨土，並且又能完全依仗諸佛菩薩的加被。因此你們要將自己的身心澈澈底底地投進去，投到哪裡去啊?!還不是投到本身原來圓滿具足的自性海中，毫不保留，毫不懷疑，這就對了。

現在大家這麼多人在一起共修，所擬定的這一套修持與法器敲打的規矩，對於你們將來個人住茅蓬專修也好，集合幾個志同道合的同參共修也好，都是一個很好的榜樣。要知道，整個團體就是一個人，修法時的結手印、散手印，利用木魚、磬、鼓來引導一致，那是必須的。再者一個人也就是團體，將來各位自己獨自專修時，千萬不要忘記，修行是與法界一切眾生一起共修，要有這等廣大的心量，修行才能迅速成就，也才是真正在學佛修道。

有關修持準提法的基本觀念、念誦要訣、儀軌程序、觀想方法，乃至其他許多相關事項，我大致都跟你們講了。以前我也曾經在寒假禪修講「般若正觀」法門時，首先提到修學一切佛法的基礎——《普賢行願品》的修法。

這是學佛學道最關鍵性的信念所在，我們的心量要以普賢菩薩廣賅無盡三千大千世界虛空般的行願力為榜樣，方是真修行人，才是真佛子。

像你們現在於壇場裡修法觀想時，若一邊唸咒，而一邊還在打妄想的話，那便是在造惡業，與修習準提法何干?!真修之人，全心全意地修，念念孜孜地修，隨著旁邊法器的節奏，有如一條利鞭密集的抽打下來，不知減少了大家多少亂造惡業的機會，想說說閒話，或者對於人生怨東怨西，也都沒時間了。如此消極地少造了許多惡業，累積起來，變成積極地在造善業。大家現在雖然所唸的是咒子，其實也等於實行《華嚴經・普賢行願品》中「禮讚諸佛」的願行，如果真能澈澈底底從心中熱切地生起普賢菩薩大行大願的情操來，便能突破我們多生累劫來的罪障惡業，那麼迅速成就菩提道果，夫復何疑?!

學佛修任何一法，都必須在根本上銜接這生發一切無量功德的總電源——《普賢行願品》。現在我們開燈，翻開《華嚴經》中的這一章節中的重頌，重新溫習一下。

有關《普賢行願品》偈子的唱誦法，你們暫時可用平時在晚課唱誦「懺悔偈」的方法來唱，現在你們先唱重頌開端的前四句：

所有十方世界中，三世一切人師子，
我以清淨身語意，一切徧禮盡無餘。

（同學們如法唱誦）

誦咒觀想修準提法，一開始唸時，意一觀想，心中不論觀想明點或是月輪，乃至準提佛母，口中唸著咒子，雖然不必再唸普賢菩薩這四句偈，但意念上要做到「所有十方世界中」，三世諸佛盡在心中徧禮無餘。不只是準提佛母，三世——過去、現在、未來的佛，「人師子」——人中之大導師、天人師，也就是佛，都要包括在觀想裡面。你說我觀想不起來，不是要你幻想，而是你念頭這樣一帶就曉得了，比如現在我在唸咒子，同時「我以清淨身語意」這一念已經含攝在修法裡面了。身業現在安坐壇場中修法，語業唸著咒子，意業正修觀想，觀想十方三世一切佛，一一佛前都有一個我在頂禮，「一切徧禮盡無餘」，所有三千大千世界國土都到了，一切都在這一念，這就是密宗的觀想。

你說我還是觀不起來，那就作個比方，從你開始學佛至今，一定到過不少寺廟，在這一念中，曾到過的寺廟大殿上都有一個我在那裡拜佛，這樣應觀想得起來吧？觀想就這麼容易啊！只要念頭上輕輕帶一下，剎那間意念上就修到了嘛！每天要如此修，這並不難啊！要是一時做不到，也要懇懇切切地將這四句偈好好唸一遍，如此而修，以後一半工程就曉得怎麼用功了。一唸到經文時，心中同時觀想到，口到，意即到。再來：

普賢行願威神力，普現一切如來前，

一身復現剎塵身，一一徧禮剎塵佛。

（同學們如法唱誦）

現在觀想功夫又進一步了！功夫的訓練就是修啊！就是修持自己心行，在一念中成就無量禮佛功德。剛才教你們觀想，譬如現在修持準提法，正唸時，所有十方世界一切準提佛母之前，一切如來之前，都有我在恭敬頂禮，你說這樣做得到嗎？應該要深信不疑，這是普賢如來的行願力，哪一位是普賢如來呢？就是你——自性的普賢。其實我們人一說到哪裡，心就已經自然而然現到哪裡。你們想想你們的家，現在講你的家，門口或家中的東西，一想就起來，這就是普賢。念頭一到就現出來了，這是同時的啊！怎麼會說觀不起來呢？而現在我們修行是想佛境界，不想世俗境界，觀想十方三世一切佛，一一佛前有我虔誠禮敬，這就是普賢行願的大威神力，也是你自性普賢如來的大威神力。所以在觀佛的時候，要你觀十方三世一切佛，「普現一切如來前」，一一如來前都有一個專誠禮敬的我。「普賢」即是「普現」，憑藉普賢如來的威神力加被你，你一念真誠清淨便到了。一一佛菩薩前面都有我，你坐在這裡，眼閉著也可以，你另一念的身體出去禮拜，有無量百千萬億的化身，一念之間就出去了。

「一身復現剎塵身」，坐在這裡，心一想，到處都是我在禮拜，這一想，做得到嗎？（同學們回答：做得到）是真的？不要騙自己。（同學中有些沒作答）有人沒答話，是做不到嗎？如果做不到，就要懺悔。因這觀想道理，沒有真懂進去，所以做不到。這個並不是什麼功夫，只要理到了，事就到。做不到是理不到，是智慧不夠，就該夜裡自己起來懇切拜佛懺悔。你說這個道理，我懂了。好，我們現在來試試看。我現在說：諸位我們現在先修第一觀想——禮敬諸佛。十方三世一切世界中，一切佛菩薩前都有我在頂禮膜拜，這做到了嗎？（同學們答：做到了）豈止如此，你那出去的身體，那個身體也是你念頭所變的，念頭所觀想的。這觀想並不需那麼用力，這個身體本有千百萬億的化身，而這個世界是重重無盡的。剎是剎土，像現在這一層樓就是一個佛剎，這個地球也是一個剎土。這剎土上有無數微塵，一塵代表一剎土，一剎土中又有無數微塵，所謂帝網交織，重重無盡，綿綿密密，盡虛空、偏法界，無處不是我，無處不是佛，一一佛前都有我，如此一一禮拜下去。像這樣「一身復現剎塵身」，這似乎就比較難些了。要是做到了，一切就很輕鬆。故修密宗最基本先要拜滿十萬次佛，這四大所成之肉身，要真禮佛，而且還要觀想千百萬億化身出去禮拜。

現代一般的密宗，有什麼喇嘛活佛來了，去灌個頂，唸個咒子，就自以為是在修密，但是這個最基礎的禮拜功德做到了嗎？禮拜是基本學佛的第一步，像我們進小學開始上課時，還要先向老師行個禮呢！你跟佛學，可真真切切磕過頭了嗎？所以，你須依此所說，禮滿十萬遍以上。「一一徧禮剎塵佛」，有無量無邊的我，我的前面都是佛，虔誠恭敬地禮拜，一切都是我的——本師。像這樣修，念念都是這樣，豈有不成就的？所以我把《普賢行願品》印成那麼精緻的經本，要你們以此修行，你們做到了麼？這四句偈再唱一遍，唱時要懂進去，全心全意投入這個境界。（同學們又唱了一遍）到此還在普賢行願第一條的「禮敬諸佛」。告訴過你們，我學佛，開始就走這個路線，所以進展得快！再唱誦下面四句：

於一塵中塵數佛，各處菩薩眾會中，

無盡法界塵亦然，深信諸佛皆充滿。

（同學們如法唱誦）

這是與剛才相關的功夫境界，即是說那麼多剎塵佛前面，都有我在頂禮。「於一塵中塵數佛」，一個地球是由無量數塵所構成，一塵代表一個世界，一個世界又有無數眾生，每一個眾生身上也有無數塵，每一無數塵中又有無量眾生無量佛，重重無盡。人間世是個灰塵的世界，是泥土構成的，像現在這個房子也是泥土構成的，一塵中有塵數佛，一塵中有無數塵，塵也數不清，佛也數不清，不但佛數不清，菩薩也數不清，而菩薩在哪裡呢？就在人間，就在這物理世界，到處都有，乃至廁所中、大便中都有佛，因都是塵啊！不論天堂地獄無所不在。而每位佛前都有菩薩，菩薩也是無盡，「各處菩薩眾會中」，所以於一切處，一切時都要絕對的恭敬，不垢不淨。「無盡法界塵亦然」，這個宇宙法界本是無量、無邊、無盡，所以不要把自己的心量弄得那麼窄小。這無盡的法界中有不可計、不可數的塵世界，因此，這一拜時，一一佛、菩薩、善知識前都有我，只是你功力還不到，所以一時不能化身千百億，也因此更要「深信諸佛皆充滿」，到處都有佛，到處都有我在頂禮。

這點搞清楚了吧！所以，修準提法時，就以這個心境去修。現在下面四句大家接下去唱誦一遍：

各以一切音聲海，普出無盡妙言辭，
盡於未來一切劫，讚佛甚深功德海。
（同學們如法唱誦）

再來進一步是稱讚如來，在無量佛前都有我在拜佛，拜佛同時還要讚佛。「各以一切音聲海」，六道各類群靈語言各各不同，每一種類、國土，乃至國土中的地方語言，皆有差異，六道一切眾生，皆以自己的語言來讚佛功德。現在唸準提咒，也是讚佛，讚頌準提佛母的巍巍功德，「普出無盡妙言辭」，對佛一切好處盡情地讚歎。像你們這樣的又唱又唸，也是在讚歎如來的莊嚴聖德。「盡於未來一切劫」，以一切美妙的言辭、音聲，永遠歡歡喜喜的讚歎下去！「讚佛甚深功德海」，這些要點大家首先都要懂得，否則只是光坐在這裡，一天到晚反覆的誦唸準提咒，想想不是很好笑嗎？你如果懂了這個，身口意三業隨時就在這個境界中，即得入普賢如來大定。你看看這顯教的經文不就是一個不可思議的大修法嗎？而你們看不懂經文，把經典當作一般文字在玩，看是看了，但未真懂，而它卻是一步一步帶領你修行，深入諸佛甚深法味。你們的身口意三業依法做到了嗎？現在講了一點讓你們略嚐，這不是把諸佛的法寶都給擺在你們眼前了嗎？你們還在攀求個什麼呢？一定要神祕兮兮給你們一個祕密的法門才是嗎？然後就喜歡高興的不得了，笨啊！那是誘惑你的，真的祕密就在這裡，無顯而不密啊！做到嗎？觀想到嗎？今天講了，一定要做到，從明天起，要將普賢行願開始之禮佛、讚佛，觀想好，不要走樣。

你們平時也常常誦經、讀經，這麼講解過後，有沒有覺得以前平常雖然唸過經，但好像沒唸過一樣？看過經以後，往往經是經，我是我，可以說沒啥受用，一切法皆是佛法，顯教的經典上都傳給你了，都給你說明了。我看了你們的日記，有些同學已經懂進去了一點。

昨天講到禮佛，說明在意識上觀想禮佛的方法。禮佛後是讚佛，譬如我們唸「南無阿彌陀佛」就是讚佛，皈依無量光佛、無量壽佛，就如唸準提本咒一樣，口唸「南無阿彌陀佛」，意念上要觀想禮敬阿彌陀佛及十方三世一切佛，以此迴向淨土，一切眾生皆同聲唸佛，要有這個意境才行。這個意境屬於一種想像，卻是自我能作主的，如果作不了主的意境則是魔境，即使是佛給你作主的，嚴格而言，也是魔境，要搞清楚，這點非常重要。

現在接下去講供養，一面禮佛，一面供養。你們學佛對於禮佛、供養的規矩都要學過，不依規矩不成方圓，要學會這些規矩才行。大家先唱誦下面四句偈：

以諸最勝妙華鬘，伎樂塗香及傘蓋，

如是最勝莊嚴具，我以供養諸如來。

（同學們如法唱誦）

唱唸在文學上叫讚頌，佛經上有時名之為讚歎，歎不是嘆氣，拉長聲的謂之歎，讚歎不是悲傷的長聲短音，文字上要明白。歎也不是哭一場，而是文學上所謂「曼詠」，像唱戲拉長聲的唱，拉長聲代表感情之至切。像唱誦這四句偈時，象徵自己心意識恭敬之情昇華到了極點。要注意，這段與前面的禮敬讚歎是連著下來的，在意識上的觀想，念頭這樣一動，十方三世，盡虛空、偏法界，每一處都有佛，每一佛前都有我在禮拜、讚歎，並且供養。

佛教供養普通講十供，香、花、衣、珠寶、末香、塗香、燒香、蓋幢、伎樂等。「以諸最勝妙華鬘」，這裡提到了最美最好的「華鬘」，世界上最名貴的妙花，各種顏色的花朵編織成串、成環來供養佛。如花圈，可帶在身上，也可挽在頭髮上。「伎樂塗香及傘蓋」，伎樂，「樂」字唸「月」，伎是跳舞，跳舞跳得好也可以供養佛，像前幾天有人要我跳舞，我不會跳，逼得沒辦法，只好來個《心經》舞，把《心經》的內涵用舞蹈表現出來。戲曼歌舞都屬伎，打拳也是伎，拳打得好，也可以供養。樂是音樂，各種音樂都可供養，像西洋有些音樂，聽得也能使人寧靜安詳。另外，塗香就是擦在身上的香料，如珍珠膏、珍珠粉，這些也都可以供養，又如冬天擦來保養皮膚的潤膚油，以及平常吃的維他命，要用要吃以前也都可以先供佛。檀香水也屬於塗香。傘蓋，擋風雨、遮太陽的用具都是。中國古代皇帝、大官等等，出門都有搭傘，印度也如此。而「蓋」就包括很多很多了，像露營的帳篷也是。

「如是最勝莊嚴具」，這些最好——世界上最莊嚴的物品都可供養佛，連房子都可以供養佛。「我以供養諸如來」，我這些寶貴的東西，一切佛都供養，這不是口中唸唸，講講便得，意念上要真切誠懇，站在佛前或打坐，不一定要注重形式，上座修觀以前，在這一念上先修普賢十大行願，然後萬緣放下，一念清淨，如此沒有不成功的。好，再唸一遍，然後唱誦下文四句偈：

最勝衣服最勝香，末香燒香與燈燭，
一一皆如妙高聚，我悉供養諸如來。
（同學們如法唱誦）

這偈句比較簡單些。十供養外，也有講四供養的，即是飲食、衣服、湯藥、臥具。現在講衣、香的供養。新衣服要穿以前可先供佛，那要供多久呢？心到了，就到了，時間無定。末香——粉末狀的香。燒香——中國人喜歡用燒香，檀香也用燒的。燈——油燈、各種燈。燭——蠟燭。以上諸物等等一一皆供養佛。你們唱到「一一皆如妙高聚」時「一一」的唱法，並不是唱本音，唱本音便唱不出來，如唱京戲，大王的大就唱「待」音，如果用「大」音就唱不出來了。唱唸佛經，遇到「一一」，唱本音的「一」，也不容易發音，喉嚨聲音會像啞了似的，如果改唱「樣樣」的發音，大家唱唱看，是不是唱得比較舒服？其實一一的意思就是樣樣，如果唱「一一」到第二個「一」很難再唱「一」的音，硬唱會使喉嚨出毛病的。這個道理大家要明白。修菩薩道要學習五明，大大小小的事物，樣樣都要瞭解。如果作詩填詞的人，在這裡的音韻就要另外選用，他絕不肯用兩個「一」字的。因為詩詞歌賦是要給人朗朗上口，唱誦出來，這才符合好詩的條件。像蘇東坡的詩，就音韻而言，有時候有些問題，我們這位大詩人有時候很任性，唱不出來他還是硬用，所以他的詩詞要打鼓唱，因打鼓唱，粗獷一點沒有關係，而歌賦就不能這樣打鼓，氣勢洶洶的唱。佛教唱誦更是不行，因它大都是安詳柔順的曼詠，因此你就要換字了。

再說「妙高聚」，妙高是須彌山，在佛教用以代表世界的中心，翻譯中文是妙高山。譬如佛前供的曼達拉，四環是代表四大部洲。平常我們供佛，不要認為用這麼少的米就要供養十方三世諸佛，不是的，它是一種象徵，作供養時，心量的意境上就要擴大，要盡量觀想成妙高山那麼大。並不是買了兩根香蕉供養佛，又想快快供畢，帶回家給兒子、孫子們吃，這不叫供佛的。因此，供養時，心量要達忘我之境，心量有如無邊無際的虛空，以我的全部都供養十方三世一切諸佛如來。再來：

我以廣大勝解心，深信一切三世佛，
悉以普賢行願力，普徧供養諸如來。

（同學們如法唱誦）

那麼，也許你會問，如上面所說的這樣觀想，不都是幻想嗎？修行就是幻想嗎？是的，修行就是幻想，幻想修成功了，就有神通妙用，因為神通妙用也是幻想。所以這個時候你要瞭解，妄想並非錯誤，妄想也可以是對的。「我以廣大勝解心」，這心性之體本來就是廣大無比的，當理通了時，這個幻想就不是幻想，而是功德。教理不通，沒有悟道，修得最好，也是魔道。教理通了，修一切道都是正道。「我以廣大勝解心，深信一切三世佛」，為什麼我的觀想是一種事實，不只是理想、幻想呢？因為我們現在修這普賢行願的觀想，是依普賢菩薩的行願之力，使之成為事實，而普賢（現）是無所不在的。

「普徧供養諸如來」，這地方也要明瞭，這個觀想的意念境界是不是獨影境？是不是帶質境？它是好？是壞？就如觀明點，先看這油燈的燈光，藉之觀想，這是帶質境，但它是壞的東西嗎？不是的，它不壞也不好。像現在你講話，每個思想念頭都是獨影及帶質境，就如今天早晨你們吃的稀飯是什麼呢？（同學答：地瓜稀飯）好吃不好吃呢？（同學答：好吃）當下一面講，一面意境就有影像，這是帶質境，它們並不壞，你修得成功，妄即是真，真即是妄，就怕你妄也修不成，空也空不了。所以修一切法，有，一切皆有，當我們觀想供養時，一切都是真的。修學普賢行願是學佛的第一步。像我開始學佛，首先就是《普賢行願品》及準提法這樣一路上來，循此求證菩提，可以迅速成辦，沒什麼稀奇。現在我把這二大殊勝的法門告訴你們，它包括顯密一切法，我一向不大傳密，這就是大密。

接下來你做到了禮拜、讚歎、供養後，再要你懺悔。下面四句偈，好好唱吧！

我昔所造諸惡業，皆由無始貪瞋癡，

從身語意之所生，一切我今皆懺悔。
（同學們如法唱誦）

講到懺悔，必須澈底。像現在，你們修準提法，大家將身語意三業全部都投進去，全部把它轉過來，即是真懺悔，懺者切斷過去的錯誤，悔是以後不再犯錯。不二過，不再犯了，顏回的不二過就是悔。另外，六祖解釋懺悔，解釋得最好，大家暇時還要把《壇經》請出來好好參究。懺悔後便是：

十方一切諸眾生，二乘有學及無學，
一切如來與菩薩，所有功德皆隨喜。
（同學們如法唱誦）

學佛的人同時也要做到「隨喜功德」，不只是對佛菩薩要隨喜功德，十方一切諸眾生的功德也都要隨喜。這世界上各個不同的社會，有很多人並不學佛，也不修道，也不信宗教，但他們是菩薩，所做的事是對的，這也都要隨喜。不要認為你們出了家，唸佛拜菩薩，學禪修密才是對的，如果你們自己認為自己才是對，那你所修學的則是魔道。現代社會上很多眾生都是佛菩薩轉生來的，一切眾生的所有善行就是佛的善行，所有十方三世一切眾生的善行功德，我們都要隨喜。有利益他人，能替人解決煩惱、麻煩，這就是行菩薩道，都要隨喜。

此外，「二乘」是指聲聞、緣覺。「有學」則指尚未證果、還在學習的，「無學」則是證果的阿羅漢。這些等等小乘境界，有一點功德善行，我也都隨喜、讚歎！所以有些人只管自己，不管他人，雖有不足，只要真實修行，我都隨喜，「一切如來與菩薩」，所有大大小小的功德也都隨喜。那麼，什麼叫功德呢？做事有貢獻，有成果的都謂之功，有效果的累積起來謂之德，功是功，德是德。如污染之地，你把它洗淨了，這也是功德。無功不叫德。不是要人出一點錢，就是功德無量，出錢者是有功德的，你受的人有功德嗎？真要修得有功德，則要三輪體空，不為自己。所有一切功德，我皆隨喜，如舉手之勞，也都包括在內。但別人約你一同作壞事，則不能隨喜。像照顧大家安全的，注重眾人每個小問題的，這也是隨喜功德，每個人都應學習去做，不要說那不是我的工作，各人自掃門前雪，不去管它。接下去：

十方所有世間燈，最初成就菩提者，
我今一切皆勸請，轉於無上妙法輪。
（同學們如法唱誦）

再來講請佛轉法輪。「世間燈」象徵為人天眾生眼目，給人智慧光明的善知識、明師，他們明澈的心燈，照亮了世間的黑暗。良師益友就是「世間燈」，所以一個有智慧、有成就的人，可以傳佛法的心燈，不使滅絕。能夠為一切眾生指點明路的十方所有大善知識，我都勸請，祈求他不要涅槃，保持身體健康，活得長久，多多利益眾生，多多住世救度世人。「世間燈」不一定是傳佛法的，只要能救世救人的有用的學問都是。

「最初成就菩提者」，即是佛。他在菩提樹下悟道成就正覺。此處所指最初的就是最後的。佛在《金剛經》上有言，他多生累劫以前，在燃燈佛那裡受菩提記的，最初這一悟，與這一生菩提樹下所證的這一悟是同一個東西。所以《華嚴經》上告訴我們：「初發心時，即成正等正覺」，故最初成就菩提者是成了佛，悟了道的人，這所有「我今一切皆勸請，轉於無上妙法輪」，勸請他們不要入涅槃，不要離開人道，多留在世間，多教化眾生。因為善知識是隨順眾生的需求的，有時遇到太過痴笨頑冥的眾生，並不好受，眾生不願被教化，那麼善知識也會想走的。所以菩薩要拚命勸請諸佛、善知識們，長久住世轉法輪，緊接著：

諸佛若欲示涅槃，我悉至誠而勸請，
唯願久住剎塵劫，利樂一切諸眾生。
（同學們如法唱誦）

如此勸請即是普賢行者，修普賢行的人都是如此，所以佛、善知識教化上厭煩而想入涅槃，都跪在他們面前至誠勸請，「唯願久住剎塵劫」，希望他永遠住在六道中，因為這肉體一丟掉了，再來是很麻煩的，盡力要求佛住世「利樂一切諸眾生」。

所有禮讚供養福，請佛住世轉法輪，
隨喜懺悔諸善根，迴向眾生及佛道。
（同學們如法唱誦）

修普賢行的人，由禮敬、讚歎、供養等等，乃至勸請如來住世轉法輪的功德，以及隨喜、懺悔等等所修善根的功德，都要迴向給大家，迴向一切眾生都成佛道，這是真正的修行人。像剛才大家這麼四句四句地唱唸下來，清淨不清淨？（同學們答：清淨）不要以為唱唸沒有什麼，認為它是小小法門、軟修法門而已，今天你如果有煩惱，心中有痛苦，到佛前一站或一跪，將四句偈子虔敬讚歎的一唱，要掉淚要哭，你就哭著唱，所有心中的粗氣、業氣，全部都把它唱出來，也等於練氣功的吐故納新，很容易清淨就現前。

現在我們所講《普賢行願品》屬重頌部分，原經的長行裡其實已有很詳細的說明，這些非精讀不可。學佛修行要正思維，不要一天到晚只有空想、妄想、痴想一些世間俗事。現在再講「常隨佛學」，這一項大家唱誦一遍，唱誦經文時，一字一句所表達佛所說的意思，全部身心都要投進去，老老實實的下到阿賴耶識種子裡去，至誠專一，這是我一再強調的。

我隨一切如來學，修習普賢圓滿行，
供養過去諸如來，及與現在十方佛。

（同學們如法唱誦）

這四句偈看看文字都懂了吧!?怎樣才是修習普賢圓滿行呢？嘴裡唸過就算了嗎？尤其既然辭親出家修道，所為何來？正是要隨時隨地修習普賢廣大圓滿行，從身口意三業起修，真能做到了，大小乘的戒、定、慧都在其中。大家隨時隨地要記到這十大學佛要點，融入自己的內心，化成自己的行為，切實奉行。何患不能速成無上正等正覺?!

現在要講常隨佛學，你們不是出家學佛嗎？學佛不是皈了依、受了戒、吃了素，就算數了。像我學佛的法緣，第一步就遇到明師，給我一本《普賢行願品》，囑咐我回去好好唸，我依教奉行，早晚唸誦，當時年紀雖小，卻很快便融入普賢菩薩那種無比偉大的心境裡，現在我也給你們一本，也要你們細讀，但你們大都把文字隨便唸過就算了，沒有好學深思，沒有懇切發心，真正的懺悔做到了嗎？普賢菩薩廣大行願為基礎的菩提種子真種下了嗎？別以為在禪堂做做工夫，修修氣脈，說說幾句口頭禪，有時得到一點感應就對了。身為一個修行人，身心行為沒有合乎普賢行願的標準，有用嗎？

那麼，怎樣才叫作學佛呢？「我隨一切如來學」，釋迦牟尼佛的「諸惡莫作，眾善奉行，自淨其意，是諸佛教」，普賢菩薩等願行，乃至藥師佛的十二大願、阿彌陀佛的四十八大願等等諸佛菩薩的偉大行願，從自己的身心上切實奉行，第六識的意根，隨時隨地的掛念著這些佛菩薩大慈大悲的精神，將它慢慢深植在自己的意根裡，最後融入整個阿賴耶識中，如此，八識田中的業識種子就轉化了。最近講《楞嚴經》，提到觀世音菩薩以一切身度化六道群靈的願行，不就是最值得大家全心全意效法的嗎？大家學佛一開始就該「修習普賢圓滿行」，開始圓滿，最後一定圓滿，開始的道路正，最後的目的也一定正，《普賢行願品》前面幾段曾講到供養諸佛，現在又再次強調「供養過去諸如來，及與現在十方佛」，開始先說了供養，現在又回轉過來說供養，《維摩詰經》上也說，所有供養中，法供養為最，但若以為那我就法供養以外，其他的全免了，這也不行的，除了物質四事供養以外，還有身口意三業供養，譬如修準提法，晝夜專精修行，至誠恭敬，在修法唸誦中不動任何妄念，這就是法供養，真供養。現在大家還是再把這一偈唸一次，注意，不要馬虎的唸過去，身口意三業專一的唸，如果馬虎隨便，那一點功德都沒有的。功德是要下「功」夫才有所得（德）。現在唱下一個偈子：

未來一切天人師，一切意樂皆圓滿，
我願普隨三世學，速得成就大菩提。
（同學們如法唱誦）

本來這些偈子是一篇連到，整體一氣呵成，我們為了唱誦方便，乃把它每四句分為一節。這裡提到「未來一切天人師」的「天人師」就是佛。注意！學佛不要迷信，佛者是行師道，教化一切眾生。教主是我們尊崇他的，佛的本身無所謂這些，千萬不要因此而搞成封閉式的宗教，現在宗教都有排外性，搞宗派法脈等錯誤觀念。我們皈依佛是皈依正知見的佛，不是結黨營私，像搞政治派系一樣。一般人信宗教都沒有像佛那麼偉大的胸襟，要知道佛是天人師，胸襟恢宏，不可限量。若以神而言，神的度量都比人大多了，「聰明正直，死而為神」。往往人的度量反而最窄了，有時鬼的度量都比人的度量大。量大，福才大。沒有量則沒有福氣，所以成佛是要何等的度量啊！佛不僅是人中之師，還是天人之師。我們平常講天人師，如何是天人師的精神呢？這一定要好好弄清楚。

佛是天人之師，可為帝王之師，也可為玉皇大帝之師、大自在天主之師，所以三界天主都來皈依，讚拜不已。這些一方之主都不是因為命令而來的，乃是本乎至誠的恭敬前來受教。是你的德性到了、智慧夠了，則可為天人之師，我們要學這個精神。常隨佛學要如此依法而學，不要自以為修行有了一點門道，做了一點好事，或者一出家便「我是比丘！」「我是比丘尼！」自大憍慢，目空一切，那就糟了。如果你智慧功德真修到了，能包羅萬象，做到菩薩的四攝行，自然能為眾生福田，當然可成佛，成天人之師，最近你們都有點進步，至少少病少惱，這是修法得益的現象。所以大家無時無刻要隨佛學，隨天人師學，學他的精神，修一切供養，戒、定、慧三學一切依教奉行，六度萬行、三藏十二部的一切行門都在學習之列。一切即一，一即一切。如此等將來諸位出去弘法時，一上座就忘我，身心全投進去，自然說法無礙，得到他力不可思議的加被。

再說「一切意樂皆圓滿」，這「一切意樂」包括了大家自己本身及佛、善知識兩方面的意樂。眾生若能於日常生活依教奉行，則佛、善知識自然意樂。佛與善知識最大的願望是一切眾生皆成佛，離苦得樂。比如密宗的〈事師法五十頌〉及其他經典都提到，要使善知識高興——意樂，只要認真修行，依教奉行，如法而修，他就心滿意足，如果你不堪受教，整天做孺子不可教也的事，自認為對，我行我素，迷迷糊糊墮落下去，那善知識也只好感慨地等你慢慢再來，等你真懺悔了以後，再來幫忙翻身。所以，這意樂是雙方面，只要你修行成佛了，智慧、功德圓滿，意樂也必圓滿。佛與眾生無二無別，一片和諧。這段文字是上下連貫的，現在跟你們講了，你們懂了，就要照著去做。因此下面就跟著說「我願普隨三世學，速得成就大菩提」。大家快快的大澈大悟、成佛吧！請再唱下面文字：

所有十方一切剎，廣大清淨妙莊嚴，
眾會圍繞諸如來，悉在菩提樹王下。

（同學們如法唱誦）

關於現在我們所知釋迦牟尼佛的一生，是依我們這個娑婆世界眾生所見而言，十方三世一切諸佛在此成佛，大多都以這個模式示現。釋迦牟尼佛在菩提樹下悟道前有六年苦行，這說法為南北傳大小乘佛教學者所共識，但出家成道的年歲則眾說紛紜，莫衷一是。尤其悟後佛之說法的內容更是大有爭論，南傳佛教肯定佛先說小乘法門，即《四阿含》等經，這種論調，在十七世紀歐洲一些學者，及日本學者，都稱之為原始佛教、真正的佛教，而對其他一切大乘經典一概否認，說它們是後來的人，假託上的。他們以佛出家在菩提樹下悟道後說四諦、十二因緣等法為佛法中心，「諸惡莫作，眾善奉行，自淨其意，是諸佛教」為修行旨要，並以證得大阿羅漢的涅槃為究竟，以為涅槃後就不再來，沒有菩薩道這回事。

而大乘道之顯教、密教都說：佛在菩提樹下成道後，先說《華嚴經》，不過不是為這個世界上的眾生說的。在菩提樹下初成正等正覺，升天宮說法，為天人開啟華嚴大教，在人道中，則先說四諦法門。原來，佛在悟後，首先示現並不準備說法，而是馬上要入涅槃，因感動了帝釋天人來請法，求佛不要入涅槃，因佛多生累劫的大願大行在於利眾度生，現在成道了，何不大大豎法幢，普利人天呢？而佛則有：「止！止！我法妙難思」之嘆，這個世界上的眾生智慧不夠啊！後來佛慈悲答應帝釋天人的請法，乃開示了許多方便門，以一乘法敷演三乘、五乘等教法，說法四十九年。現在我們講要跟佛學，供養十方三世一切佛，那麼在這娑婆世界上，佛是已經示現了涅槃，但真涅槃了嗎？沒有。《華嚴經》的讚頌中就有：「一切十方無邊佛」、「湛然不動無往返」等句，佛是無去亦無來，沒有涅槃的，他的三身在十方一切剎土裡，一切世界裡都在。

真正講起來，釋迦牟尼佛一生的教化，也只不過是佛在這個世界上一位化身的示範而已，所以華嚴境界與大乘戒之《梵網經》上說：釋迦牟尼佛乃千佛中化身之一，其報身為盧舍那佛，法身就是毘盧遮那佛。因此，以前大陸上的寺廟，大殿上大都塑了三尊一樣的佛像，即是代表佛之法、報、化三身。後來道家也仿造，名之為「三清」——玉清、上清、太清。而所謂的「三門」是一、二、三的三，不是山門，代表戒定慧三門（編按：另有不同說法）。在大乘佛教而言，佛具三身，並沒有入涅槃，法報化佛身徧滿一切剎土，他還在說法，永遠在度生，釋迦牟尼佛並沒有離開這個世界，以不來相而來，以不去相而去，無去亦無來。十方所有一切剎土中，皆是佛「廣大清淨妙莊嚴」的不思議道場。莊嚴清淨就是佛境界，所以你心中的莊嚴清淨也就是佛境界。我們跟著佛學，成佛以後，亦無來去，眾生有盡，我願無窮，每位佛都沒有涅槃，都是再來人。

「眾會圍繞諸如來，悉在菩提樹王下」，在十方一切清淨莊嚴剎土，清淨妙莊嚴之佛境界，每位佛與釋迦佛一樣的說法，一樣的「眾會圍繞諸如來」，佛在說法，其他佛也派代表來聽法，「悉在菩提樹王下」。我們現在跟隨佛學，對於佛的教化、佛的願力行為都要懂得，而為何要這樣做呢？答案即在下文，我們還是再把它唸一遍，再唱下一節：

十方所有諸眾生，願離憂患常安樂，
獲得甚深正法利，滅除煩惱盡無餘。

（同學們如法唱誦）

前面提過，你們出家學佛是為了證得菩提，悟道成佛，不是為了混飯吃，也不是為了吃素、唸唸經而已。這是要發狠心，突破根深蒂固的貪、瞋、癡惡習，開啟本具的智慧光明，濟世利生。所以說修行人學佛悟道成就時，事情反而更忙。佛是為眾生擔負一切煩惱苦難的，成佛後，乃是利益眾生更進一步的開始。佛是世界上的大忙人，是無事忙的忙人，愛管閒事的忙人。老實說，眾生的苦惱與佛何干呢？只是佛大慈大悲之故，他偏要救，這就是佛的精神。修行人要如此，才是真學佛。

然而你們學佛是這樣的嗎？若以為到山裡去住茅蓬就好了，這是學自私，是偷懶、是造業，難免貪圖供養之嫌，一粒米、一滴水都是別人供養你的，你不勞而獲，哪裡是學佛的精神呢？學佛的精神就在這裡，注意啊！學佛要修福德智慧，濟度眾生，會更忙、更辛苦，不是逃避現實。看看現在好些人悄悄的跑開，說是找個茅蓬清修去，當然閉關清修在學佛的過程中，於某個時候某種情況是有其必要性，然而動不動就要避世隱遁，是否另有隱情呢？至於真正的清修是什麼，一個人怎麼清修，都還是個問題。學佛仍是要供養一切眾生，哪有反受眾生平日的供養呢？你有這功德受人供養嗎？無德無能則不足為眾生之福田，除非有「佛陀」這種普利人天的精神，才能接受供養。

我們請佛住世說法弘法目的何在？「十方所有諸眾生，願離憂患常安樂」。不只人才有痛苦，一個生命的存在就可以說是痛苦。我們如果從佛法「苦諦」的角度來下個哲學定義：什麼是生命的存在呢？痛苦的延續、煩惱無盡的糾纏就叫生命。十方世界所有生命都在憂患痛苦煩惱中，但眾生都看不清現實，不知也不願離開憂患痛苦——離苦得樂。我也常說：世界上講哲學都有個共同的目的，就是要人離苦得樂，平安快樂而活。而世界上是求不到平安快樂的，只有證得菩提才能解脫這些苦惱。生命真正的安樂是要「獲得甚深正法利」，正法就是佛法，佛法包括一切法。千萬不要說到佛法就只直接想到大殿上的佛像之佛，認為除此以外，其它都不是。世間上一切法皆是佛法，證得般若悟了菩提，則一切法無邪也無正，未證則說正法也是邪法。難道你說你的正，我的就歪了嗎？這是甚深般若的道理，一般眾生難以理解。

要獲得甚深之正法利，才能「滅除煩惱盡無餘」，證得無餘依涅槃，涅槃有兩種：一者有餘依涅槃——羅漢境界，一者無餘依涅槃——大乘佛道。無餘涅槃若以唯識法相而言，包含三種涵義：虛空無為，擇滅無為與非擇滅無為（非功用之用）。所謂無為即是無餘，無為只是法相宗以中國古有名辭翻譯的另一種用法，學佛要真正達到涅槃，才能真正滅除煩惱。未證得菩提、涅槃之前，煩惱的糾纏終是難免，就是菩薩也有煩惱，除非圓滿成就佛果。

大小乘佛法，都講苦、集、滅、道，要滅除一切煩惱，除非得道。集是苦的因，苦是集的果，道是滅的因，滅是道的果。只要得了道，煩惱自然滅除。那麼成了道的佛，為何又那麼辛苦的說法呢？像本師釋迦牟尼佛，自己證得涅槃以後，四十九年東西奔波，來來往往的說法，不辭勞苦，就是為了要度眾生離苦得樂。這種毫無保留的利他精神，我們應該學習。所以，學佛不是逃避現實，不是獨善其身。像你們平常只顧自己打坐清靜，為了點小事便與人大鬧意見，給人眼色看，說別人的是非，這是學佛人的本色嗎？凡是使眾生起煩惱，陷眾生於憂患痛苦，就是在造惡業，甚至造的是地獄種子的業。所以瞭解普賢行的人，應常使一切眾生生歡喜心，離苦得樂，這才是學佛的精神，也才合乎常隨佛學的道理。

這些文字你們看來都懂，但由於缺少好學深思，故懂是懂，始終無法細膩深切地體會經中的奧義。學人要深入經藏，非得切實發求證心仔細參究，並將所讀經文澈底回歸於自己內心不可。一切經論到頭來都超越他人的註解。要直接閱讀原典，以完完全全懇切樸實之心，澈底投入，才可親嘗法味，獲益無窮，現在再唱下一偈：

我為菩提修行時，一切趣中成宿命，
常得出家修淨戒，無垢無破無穿漏。

（同學們如法唱誦）

佛陀身為太子，他以儲君的身分出家，拋開令人羨慕的宮廷富貴，最為殊勝難得。他是真能放得下貪欲等諸煩惱的偉大聖者。「我為菩提修行時」，譬如大家不論出家、在家修行，所為就在求得菩提。可是這一生能否證得菩提，還是個未知數。希望你們這一生便能成就。而這一生證得菩提，也還不算成佛，即使大澈大悟，乃至三身成就也不算圓滿成佛，真正完全成佛則同釋迦牟尼佛與未來的彌勒佛一樣，在無窮的劫數中，要登上教主的寶座。其實也沒有什麼寶座不寶座，它意味著在一期的法運中，出世教化三千大千世界的眾生，宣揚正法於久遠劫，成一代宗師，圓滿無量功德。要這樣才是修行最究竟果位的完成。

所以，我們現在還只是在這修行的道路過程中而已，為了證得無上菩提而努力，發願與釋迦牟尼佛修行時一樣，生生世世在六道輪迴中上求下化，這就是「一切趣中成宿命」。如果在六道輪迴中來來往往時，不敢作牛、作馬，你還是個頂天立地的大乘行者嗎？何況說不定來生你便要變豬、變狗啊！千萬要如此學佛發願，「一切趣中」，六道五趣包括天人、阿修羅等一切趣中，都有佛菩薩轉生示現的教化。佛菩薩所濟度的不只我們人而已，所以我們要趕快發願修菩薩行，轉到「一切趣中成宿命」，這樣最後才能圓滿佛果。

談到宿命，宿命之根和種子，是不會掉失的，就像你們起初學佛，不管是真是假，生生世世下來，最後總是會發心出家精進修行的。這就是阿賴耶藏識中，有這學佛的宿命種子存在，沒有這種宿命的善根，你要他信佛，他是死也不幹的，不可能走上這條成佛之路。那麼學佛又為何要在六趣中輪轉呢？因為在六道中輪轉、精進，能夠面對種種苦難，磨鍊菩薩百忍不隳的心志，長養解脫煩惱的智慧，成就重重濟世利生的殊勝功德，轉得愈深，墮得愈深，福德智慧的成就愈大。但這種墮落是菩薩的墮落，乃秉承普賢大行的慈悲願力而來，與一般凡夫貪求五欲，作業造罪的墮落不可同等而喻。所以所謂「一切趣中成宿命」，是就我們發無上菩提心，在無餘趣中修道行道而言。學佛要修到在六道任何一道中，都曉得出家修持淨戒。出家不一定當和尚，和尚只對人道的出家而說，一切趣中都有發心出家的有情。狗道也有狗出家的，像一位同學家中，有條狗生了一場大病，他求大悲咒水治好了牠，病癒後，便不再吃葷，這也是一種出家，是心出家，企求跳離畜生道之苦的初步發心。這就是「一切趣中成宿命，常得出家修淨戒」。

那麼，既然出家講求的是心，為何我們又要有身的形式出家呢？這是為了在某個修道過程，免除情愛欲的拖累，專心進修；同時也為了佛的正法，需要有人示現正式的名份角色來住持傳續。出家修持淨戒，包括了比丘、比丘尼、菩薩、三昧耶等顯密戒律，而其終極的核心是「菩提心戒」。我們現在講的《普賢行願品》正可以作為它的具體表徵，行得普賢行便能做到「無垢無破無穿漏」的境界，心中沒有一個垢穢的念頭，並且一切心行「無破無穿漏」。譬如煩惱生起，就是有破漏，有所遺憾。孔子的門生子夏說：「大德不踰閑，小德出入可也」。這是子夏論為人處事的方便談法，還是有滲漏之處。「大德不踰閑」，根本性的倫理道德不要越軌超過範圍，至於一些無傷大雅的小毛病就原諒一點沒關係，一般人道中的標準也只能如此。其實要做到「大德不踰閑」也頗不容易。而「無垢無破無穿漏」的漏盡通境界，在生命修養的層次而言，乃是臻於沒有一點空隙，極嚴密莊嚴的地步，一點小小的戒行都自然而然合於本份，沒有絲毫不如法的差錯。以此標準而言，要修得了無漏果，才能算是真正守戒，也才算是真正出家。

我們若能隨時安住佛制的道德淨戒中，則可真實體會出寒山詩：「吾心似秋月，碧潭清皎潔，無物堪比倫，教我如何說」那種心行如明月般「無垢無破無穿漏」，晝夜恒常清淨無暇的現量境界。如現在你們修準提法，心觀月輪上唵字，二六時中，剎剎那那毫不丟失，在綿密的觀照中，一點念頭來就化開，任何雜想都無隙可乘。月輪上唵字之觀想，如果有一時不在，便屬滲漏，如果掉了半天，才再想到提起觀回，這便早就漏光了！問問你們自己，像現在修法，一天漏了多少呢？好像是隨時都在漏當中，對不對？唉！要努力啊！要真到「無垢無破無穿漏」，才是常隨佛學的出家行。再把這一偈全心全意唸一道，下面再唱下一偈：

天龍夜叉鳩槃荼，乃至人與非人等，
所有一切眾生語，悉以諸音而說法。

（同學們如法唱誦）

上面一偈講出家行，現在則講入世行。「天龍夜叉鳩槃荼」，「天」是忉利以上欲界、色界、無色界諸天，「龍」是指龍神，「夜叉」則屬修羅道之一，介於天道與人道之間，勉強可說是一種勇健怒目能飛騰空中的大力鬼，但並非鬼道眾生，以上三者加上乾闥婆、阿修羅、迦樓羅、緊那羅、摩睺羅伽，總稱天龍八部，另外，「鳩槃荼」為一種噉人精氣之鬼，這些佛學的普通常識大家應該曉得，在此不贅。那麼談到入世行，則三界六道中，各類眾生的語言都要通達。這是最初步，而我們呢？人道中各國語言都學不好，怎麼還談得上其他，更談不到為了宣揚佛道而「悉以諸音而說法」了。

這是一件很難的事情，但並非不可能，只要大家能把「陀羅尼」學好、修好，就能通達一切眾生的語言。比如《佛祖歷代通載》，或《高僧傳》中，印度有好幾位高僧大德來到中國，他們原不懂得中國文字，為了翻譯經典，就那麼一入定，一發願，或唸個咒子，馬上便能寫出中國字來，雖是不可思議，若修行能到相當的證量，不難瞭解其中奧祕。你們做不到，即是信心、念力、定力、行願等等的修持不夠。「悉以諸音而說法」，當然也包括在魔道中說法，有時是在定中說法。天龍八部、人與非人等都要與他們作朋友，這包括在修學菩薩道的「四攝法」——布施、愛語、利行、同事——四事之中。要度眾生先得與眾生交往，透過他們的語言，瞭解他們的思想情感，以推心置腹之心，或作種種布施，或予關懷安慰，乃至同心協力共事，以種種方便幫助對方，如此方好度化。並且不只是以各類眾生的音聲言語而說佛法，像我要你們多讀英文《聖經》，並且請人開多少世間法的課程，都對佛法的弘佈有相當幫助的作用。如果你們將來要到歐美弘法，便要學會英語等外語，而且人家的《聖經》文化也要懂。對歐美人士講說佛法，光用我們這一套佛學名辭，行不通的。佈教師一開口便是般若菩提，不深入瞭解他們的文化內涵與思想觀念，從中因勢利導，則說也差不多等於白說，印度佛法初傳我國的那一段寶貴經驗足供大家仔細回味參考。至於說，講法有人幫著翻譯即可，然而翻譯工作不只是懂得外文便行，如果講者的中文譯者也沒有真聽懂，這豈不成了以盲引盲嗎？

所以你們至少也要趕緊學好「人」的語言，否則這些年的米飯錢是十方的供養，來之不易，將來這個帳怎麼還呢？「佛門一粒米，大如須彌山」千真萬確，能不謹慎惕勵？

現在大家繼續唱誦接下來的偈子，唱誦時要以我前幾次所提示「心氣合一」的方式，則功效必大，唱吧！（有關「心氣合一」法門，載於〈心聞洞十方，當然獲圓通〉一文附後。）

勤修清淨波羅蜜，恒不忘失菩提心，
滅除障垢無有餘，一切妙行皆成就。

（同學們如法唱誦）

剛才要大家好好修學，為什麼呢？因為你們沒有「勤修清淨波羅蜜」，你們外表確是規規矩矩坐在禪堂裡持咒，而內心離精誠專一尚有一段距離。你們心不清淨，所以影響到聲音不夠清越空靈，精神的透發力不足，根本的問題出在菩提心的發起不是很真切。那麼什麼是菩提心呢？簡單的說就是求道這一念心，普度一切眾生這一念心。只要有這麼一念心，精神就來了。菩提心包括很多，大悲心也是，求證宇宙生命本源的心也是，此心要懇切真誠，恒不忘失，隨時隨地「善護念」，有一點不如法，自己就要起慚愧心、懺悔心，因為即使暫時或忘，些許懈怠，都是很嚴重的。假如真能晝夜二六時中道心不忘，則是「勤修清淨波羅蜜」。清淨波羅蜜是括盡一切到彼岸的法門，只要是能使大家達到清淨境界的就是。這種向道濟世的大菩提心一起，念茲在茲，即是清淨波羅蜜，所謂「初發心時即成正等正覺」，自度度他，何患不迅速成辦。

我觀察你們，七七四十九天的專修，剛開始那兩天真是好精進，大家問問自己，那時候一堂修畢下座，鐘鼓咒聲是不是都還在？（同學答：是。）現在還有沒有呢？（同學們答：沒有。）為何再沒有這樣的感應呢？這要慚愧啊！然而你們更不知道另外的感應還是有的，只是非你們的境界所能懂得罷了。「初發心時即成正等正覺」，只要保持剛開始那種心境來修，一路下來，絕不白搞的，自然能夠「滅除障垢無有餘」。「無有餘」是一切業障都沒有了，罪業一切消除淨盡，不再有任何的阻礙，如此「一切妙行皆成就」，夫復何難?!

像你們連這唸誦法的竅門都沒有把握好，其他百千萬億之妙行，不可勝數，何時才成就啊?!——驢年嗎？現在修準提法，念念要在這裡頭祈求，在這中間用心，身心全部都投進去。大家把這一偈再唸一道，並唱下一偈子，這段還在十大願的常隨佛學中。

於諸惑業及魔境，世間道中得解脫，

猶如蓮華不著水，亦如日月不住空。

（同學們如法唱誦）

照上面的理論與實際跟佛陀學，隨著普賢菩薩的廣大願行學又如何呢？所謂願是心願，真這麼想，便這麼做，可以消災除垢，轉識成智，生起無量大乘妙行，而「於諸惑業及魔境，世間道中得解脫」，惑業即見思二惑，乃三界煩惱的通稱，凡夫生死流轉之因，包括我見、邊見、邪見、見取見、戒禁取見等妄執及貪瞋癡慢疑等迷情。這些煩惱乃至魔境其實也沒什麼不對，沒有什麼好怕的，只要你能當下解脫，不為所轉便是。不轉時是凡夫、魔道，一轉則是佛、菩薩。而佛法就在世間，你說要到哪裡去找呢？一定要到山中才能求清淨嗎？山中本來就很清淨，何必再求清淨呢？就在不清淨的地方你能清淨，才是佛道。所以這段特別點出「世間道中得解脫」，在萬法紛紜中成就大自在，一切不離世間道，作為一個人，如果不出家，只要他規規矩矩謀生，為人處世合乎人道，一樣也可以解脫。

我們學佛學道者，往往為了去掉見思惑業的糾葛及魔境阻難，反而將自己弄得焦頭爛額，神經兮兮的。要知道諸法無常，見思二惑無常，魔境也無常，無常連佛都不能轉，魔能夠嗎？並且我們修行人容易有個毛病，所謂「出了一個家，又入了一個家」，拋開世間法的得失，卻計較起出世法的種種來，將世俗貪瞋癡那一套帶入佛門，處處分別誰高誰低，誰是誰非，反而扯出一大堆煩惱禍根，實在可笑。淨土宗蓮池大師悟道偈云：「焚香擲戟渾閒事，魔佛空爭是與非。」到了最後魔佛都是一樣。佛法的精神在於蓮花出污泥而不染，煩惱中能現菩提，惡境中能得清淨，「猶如蓮華不著水」，卻生於淤泥水。下一個比喻更好，「亦如日月不住空」，看太陽月亮天天上昇，天天下沉，今天接著明天，明天接著後天，活活潑潑自然輪轉不已，不住於一個固定的空間。而我們修行人若守住一個空，以為空的境界才是道，那已錯了，等於著了魔，學佛若執一法為是，那著的是人天魔、羅漢魔，乃至佛魔。真空無所住，洒脫自在，活潑自然，不但如日月不住空，也如飛鳥翩翩掠過，空中不留絲毫痕跡，這是無著解脫。佛法講空，其實就是講妙有，你們修準提法唸到專一的時候，心心都在佛境界，一字一聲的唸，念念「猶如蓮華不著水」，是有蓮花，不著水而已！是清清淨淨的有，非呆板死寂的無；念念「亦如日月不住空」，並不是沒有日月，不固持某一個位置而已，念念即空即有，即有即空，以此理解的心情開開心心修去，怎麼不成？再唱下面四偈：

悉除一切惡道苦，等與一切群生樂，
如是經於剎塵劫，十方利益恒無盡。

（同學們如法唱誦）

這常隨佛學的重點結論就是「猶如蓮華不著水，亦如日月不住空」，這也是佛法的真精神所在。大家學佛氣派要大一點，不要那麼小里小氣，小里小氣者，小乘路都不能走，何況大乘？而佛之所以能夠成佛，這是關鍵，大乘道是入世的，「猶如蓮華不著水，亦如日月不住空」，煩惱即菩提，處處無家處處家，即空即有，中觀之道，最須求證。不是道理說得好便了不得，那只是思想而已，思想不等於佛法，若以為是，那佛法也變成了魔法。學佛是要將所有的身心都投進普賢行願海中去求證體會，如此則能成佛而「悉除一切惡道苦」。換句話說，不但不受下三道之苦，卻能享受天人境界之樂。天人境界之樂相分為三：樂——欲界之樂，明——色界之樂，無念——無色界之樂。於此三者佛能受用而不住，「猶如蓮華不著水，亦如日月不住空」，然後方能「等與一切群生樂」，「等與」是平等的施與，平等的給與大家快樂。

話說回來，如何是普賢如來的境界呢？「等與一切群生樂，如是經於剎塵劫，十方利益恒無盡」，自利利他的這種功德成就，不管經歷多少劫數，十方三世一切眾生都要給他離苦得樂才行。沒有聽說哪一位佛的願滿了的，或事情做完了的，佛菩薩永遠有做不完的事，「虛空有盡，我願無窮」，眾生苦難的時候，正是他再來的時候。「十方利益恒無盡」，想盡辦法要給十方三世一切眾生都離苦得樂，這是佛菩薩們的真實行履處，你們真有心要亦步亦趨，追隨不悔嗎？

再來輪到「恒順眾生」這一項。大家不是光用耳朵聽，要用腦筋，用心聽。學佛修菩薩道的人，要常常追隨順著眾生的願望而修。「恒」是常的意思，「隨」是追隨。現在要講的八句，表面文意比較容易，大家至誠恭敬地以讚歎心來唱誦，也是一種寶貴的供養，合於讚佛功德的道理：

我常隨順諸眾生，盡於未來一切劫，
恒修普賢廣大行，圓滿無上大菩提。
所有與我同行者，於一切處同集會，
身口意業皆同等，一切行願同修學。

（同學們如法唱誦）

恒順眾生，這一點最難。學佛的願力並不是每一種都難，恒順眾生這一項我們反省看看自己學佛以來，做到了沒？父母也是眾生之一，你有沒有恒順父母的意思呀？父母許多合情合理的要求和教導，你們都遵行了嗎？（部分同學答：沒有）這豈非不孝；兄弟姊妹等等親人也是眾生，你也時常滿其所願嗎？——沒有。所以儘管大家天天唸「往昔所造諸惡業，一切我今皆懺悔」，真懺悔了嗎？如此學佛又有何用?!所以我常說：「本欲度眾生」，結果「反被眾生度」，都是眾生來度我們，是不是？（同學們答：是）那麼我們還有資格學佛修菩薩行嗎？菩薩行是「常為眾生不請之友」，如《維摩經》上所說，是順他利他，非依我從我。如果一位教育家、宗教家做到了恒順眾生，不成就也成就了。

為什麼我們不能恒順眾生呢？（同學答：我見、我執。）對的！我見、我執，所以達不到無我的境界，豈能做到恒順眾生呢？天天說大乘，卻只會為自己的利益而大自己的乘，一點也不肯奉獻，有一點犧牲便自覺了不得，說什麼大乘來著？這裡許多人只要一聽到了冬天有打七，就拚命鑽回來，因這個地方恒順他呀！而平常一有事情就趕快溜掉，哈哈！這是學佛的嗎？連作一個凡夫都不夠格，其他又何足道哉？像現在大家共處一堂修準提法，便要生起這恒順眾生的情境，日後切實做到行到，並且「所有與我同行者，於一切處同集會，身口意業皆同等，一切行願同修學」，既然有緣一起在這準提海會中精進，便應同心同德，共此普賢願力與準提菩薩之大悲心，合於「六和敬」的精神，人人為我我為人人地修去。

再來，「所有益我善知識，為我顯示普賢行」，所有利益我的善知識，比如這裡的老師們各有專長，指導你們不同範疇的學科，讓你們有所受用，這便是善知識，他們的行為也就是一種普賢行，別人能夠利益我們，這種表現就等於一種普賢行的榜樣，我們怎能不以自己所能去利益別人呢？多少年來我一直強調普賢願行的重要，不學佛則罷，一學佛如果沒有發起這個願心，那一切免談，自欺欺人而已。因此我連早課都要你們唸誦薰習普賢行，平常作人處世也這麼提醒。想想我們每天生活之所需，從小至老哪一樣不得靠別人，這都是別人在為我們示現普賢行啊！仔細反省反省吧！

再說，如果有人反對修學普賢行，那便是惡知識，不懂佛法。你們今天「佛法難聞今已聞，中國難生今已生，人身難得今已得，善知識難遇今已遇」，就該好好努力，祈求善知識「常願與我同集會，於我常生歡喜心」，常能與善知識共學，並使善知識常生歡喜心，這便是依法修行。這一偈講祈願，希望生生世世能遇善知識，並且對我常生歡喜心，我也對他生歡喜心，何以能做到呢？要自己真修普賢行。這一偈唱一下，並接唱下一偈：

所有益我善知識，為我顯示普賢行，
常願與我同集會，於我常生歡喜心。
願常面見諸如來，及諸佛子眾圍繞，
於彼皆與廣大供，盡未來劫無疲厭。
（同學們如法唱誦）

「願常面見諸如來」，我們做得到嗎？（同學們默然）我們現在真見到佛嗎？一切眾生皆是佛，十方三世皆有佛，但見到了沒？沒有。見到是要見道之人方才稱得上。故禪宗祖師告訴我們一句話：「日面佛，月面佛」，你們有沒有日面佛、月面佛呀？又日面佛、月面佛應該怎麼解釋呢？（同學們答：隨時隨地都面對佛。）每天每時，隨時隨地都面對著佛，與佛同在。至於說一切眾生皆是佛，這還是理上的事，要證到才行。因此要你們先在意境上觀想，早晚薰修，也算是時刻在面對佛。譬如現在修準提法，專誠唸咒觀想準提佛母就在前面，一心無其他旁騖面對著他，這意境上，先要把它觀起來，千萬不要認為意境是幻想，要知即假即真，即真即假，別因觀不起來而說它是假的，不須要觀，等你真觀起來再說我不觀，才是本事。就如吃素一事，沒有葷菜吃，所以吹牛說我不吃，這是自欺欺人，滿桌山珍海味擺在面前，香氣四溢，而你飢腸轆轆，卻能不吃不動心，這才談得上真吃素。

「願常面見諸如來，及諸佛子眾圍繞」，我們心境每天都要安住在這個境界上，修準提法唸誦時，儼然如實身處準提海會，準提佛母莊嚴德相就在前面，我與一切眾生、一切行者一心頂禮皈依，身心與佛母合一，無二無別。不要口唸心卻沒有這個觀想的境界，口到意識境界亦到，就這麼一合掌，一禮佛，諸佛菩薩及諸佛子眾圍繞之景歷歷在目，縱然觀不起來，意境上也要帶到，假如你真能這樣觀想起來，修行就有點入門啦！再來，「於彼皆與廣大供，盡未來劫無疲厭」，試試看，做得到嗎？假如點一炷香供佛，這炷香其實也不只供前面這尊佛而已，而是供養十方三世一切佛、一切尊者，他們前面都有我虔誠以香供養，這觀想要有才行，一念之間全就出現啦！甚至更要在這觀想境上定住不動。還有這供養是要「盡未來劫無疲厭」，近事一切善知識、一切佛，而永遠沒有疲累厭倦之退心。你們修準提法供養佛，有時有沒有疲厭感？（同學們答：有。）答得倒是很誠實，疲得很吧！我不上來的時候，大家唸得有氣無力，我一進門，大家有神通似的，便唸得很賣力。你們學佛到底為誰呢？倦怠感升起時，意境上佛母在嗎？修行要「盡未來劫無疲厭」，假如你觀想起來後能隨時止住，那就有希望啦！所以禪宗祖師給你畫一個圓圈中間加一點，成一⊙相，圓空中有這麼一點，你一念定在此佛境界就對了啊！這就是止觀。

像有些同學，前幾天一面唸咒，身體一面搖晃，自己還以為有功夫，搖得很好，我也讓他們去搖，那是初步氣機發動，暫時可以的，然而永遠這樣下去就不對了，應知時知量停住。搖的時候，你思想觀念跟到受蘊走，被氣脈的感覺牽引，這裡難受，那裡不對勁，此時就要有氣魄，當下一念解脫了嘛！應該想到我覺得這裡難受，就是心意識困在這裡，為什麼要彆彆扭扭地受困呢？大丈夫要求解脫，充其量就此死掉，一念放下，看它還動不動、痛不痛？所以看你在那兒搖，便知你心月輪這一念的觀想並沒有得止，真得止不會搖的。如果你說它要搖，我作不了主，那你又何必修行呢？修行人應作得了主才是。境界一觀好止住，那還有什麼受蘊之感呢？受蘊沒有啦！即止即觀，即觀即定。再講下一偈：

願持諸佛微妙法，光顯一切菩提行，
究竟清淨普賢道，盡未來劫常修習。
（同學們如法唱誦）

這是學佛行者必然要遵行之願，不管在家出家都應該「願修」並「保持」諸佛的一切微妙法門。這個「持」字，一方面包括自己修持，一方面包括為佛法作住持，使不會斷絕，常住世間。所以你們要好好修持，修這個法門，則一切法門都包含在內，如法奉行，成就不可限量，而有了成就方能真正為這個世界住持這個法門，利益芸芸眾生。基本數九十萬遍真唸到的話，修行必然得利。現在我們七七四十九天，統計下來也只不過十一、二萬，要唸滿一百萬遍，則需像我們現在每天晝夜勤誦的方式專修一年。

現在世界修學佛法的，以密宗為例，許多人說他灌過頂，但問他咒語唸滿十萬遍了嗎？四加行的每一項切實做到了嗎？答案恐怕不太樂觀。所以目前你們能這樣修，我倒是還感到高興，如此修去，並發願將來住持佛陀微妙之法，利益眾生，那麼便能「光顯一切菩提行」，使菩提種遍灑一切國土，佛陀正法永遠發揚光大。現在佛教是衰敗了，我希望你們真能為佛教、為佛法發心。如何發心？必須自利利他，自己修成功了，才能「光顯一切菩提行，究竟清淨普賢道」。「普賢」者，一切處一切地，無時無刻不呈現，無處不在眼前，一切佛法沒有哪一點不做到的。行到了「究竟清淨普賢道，盡未來劫常修習」，此願絕不疲厭，絕不中斷，十方三世永恒遵行不渝，這是菩薩道的真精神。

這次開始準提法專修以來，在你們日記上，發起普賢願心的人還蠻多，這是可喜的現象，真替你們高興。（師特別讚許一月十二日晚間第一堂修法，大眾不論在唸誦或意境的專誠觀想上配合得很好，並再次解析唸誦與氣脈等訣竅之理事，暫略）現在續講下一偈：

我於一切諸有中，所修福智恒無盡，
定慧方便及解脫，獲諸無盡功德藏。
（同學們如法唱誦）

現在仍屬恒順眾生的範圍，是犧牲自我成就別人。什麼叫修行呢？你以為離開父母、家庭，跑到山裡去剃了頭，說我出了家要成佛，這就是了嗎？不是說出家不對，出家絕對是大丈夫事，非帝王將相所能為，做的是恒順眾生另一面的事，絕非遁世棄俗，一般眾生是難解其中深義的。佛法不離世間，你結了婚，你的家眷就是眾生，為什麼還要惹他們煩惱呢？恒順眾生至少有兩道意義，第一：包括善巧方便的教育方法，如《維摩經》及其他經典上所說的：「先以欲鈎牽，後令入佛智」；第二：一切諸佛菩薩的功德是從眾生身上培養成就的，沒有眾生，便沒有佛菩薩的功德；沒有眾生，你成佛幹什麼？並且也根本成不了佛。

「我於一切諸有中，所修福智恒無盡」，學佛要於一切法中絕不漏失一沙一滴修習福德智慧的機會，亦即萬行門中不捨一法，身口意三業任何小地方都要注意修持，「勿以善小而不為，勿以惡小而為之」。修持就在諸有中修，佛對眾生說法有三有、九有、二十五有等等歸類。一切有道，代表一切生命，六道一切眾生皆有，即欲有、色有、無色有。學佛恒順眾生，需在一切世間法、六道諸趣中廣修福德、智慧，由此成就。所以諸佛菩薩都化身再來六道諸有中，絕不逃避現實。現實雖是苦惱，真修行人、真成就者，就在大苦惱中精進解脫。有眾生才有佛，有煩惱才有菩提，有家所以你們才出家，如果沒有家，則出家從何而出？我們本師釋迦牟尼佛成就了，終要再回來度家人，不是又入家嗎？

「定慧方便及解脫，獲諸無盡功德藏」，一切定、一切慧、一切度眾生的方便波羅蜜及解脫之道，皆在一切三有六道中修，自然能圓滿功德，成就無上菩提。那麼，為什麼要修定慧呢？因為三有中容易散亂，故入世須有定力，因為眾生界中無智愚癡充滿迷惑，故和光同塵須具慧力。修行人能入世而超然物外，此非定慧莫辦，並且經由定慧也才能大啟方便之門，濟度眾生。讚美是方便，兇你罵你也是方便，有時不兇壓不住你們，因此我兇。這個世界大家喜歡當好人，難道我不懂而跟自己過不去嗎？所以我一上來，你們就又賣力又誠敬地唸誦；不上來，你們就有氣無力地唸，這樣我如沒有兇的方便，行嗎？故罵呀、兇呀，捏拿得準也是一種方便波羅蜜呢！佛菩薩乘願再來，他們的嬉笑怒罵皆是方便，種種正反面的教育法也是方便，而我們修行人一切方便波羅蜜也要在諸有中修，方能歷練摸索出來。方便波羅蜜是十波羅蜜「施、戒、忍、精進、靜慮、般若、方便、願、力、智」中的第七波羅蜜。大澈大悟獲得般若以後，不一定能夠教人，還須入三有中，進修方便波羅蜜。「法門無量誓願學」，世出世間一切學問，佛道、魔道皆要懂得。只要是在諸有中便須方便，而西方極樂世界則不須方便，因阿彌陀佛的淨土方便波羅蜜已經成就了，上至阿彌陀佛下至樹林、山河大地，都自自然然在念佛、念法、念僧，用不著再方便啦！

再講「解脫」，先問一個問題，為什麼要解脫？三有中是苦海，好受不好受？（同學答：不好受。）因此要求解脫，而佛法的究竟在於解脫，不但自己解脫，一切眾生也要解脫。在何處、何時解脫？就在煩惱中當下解脫。在出世法上佛法講「解脫」，在世間法福德方面則講「成就」，能解脫一切苦厄，便是成就不思議功德。

「定慧方便及解脫」，是在恒順眾生中修的，說是恒順眾生，將就眾生，其實還是將就自己。《大丈夫論》云：「菩薩於乞求者生難遭想，所以者何？若無乞者，檀波羅蜜則不滿足，無上菩提則不可得。」由此以觀，說是你在幫助眾生，其實是眾生在幫助你啊！你布施財物給乞丐，可以去除貪心，你還要向乞丐頂禮膜拜感激不盡呢！所以我常說的「本欲度眾生，反被眾生度」，雖有前面所談要轉化別人反被別人轉化的意思，也有現在這一層的意義。你看一句話，就如臨濟祖師講禪宗「一語中具三玄門，一玄門中具三要義」。文字般若就有如此難。再來：

一塵中有塵數剎，一一剎有難思佛，
一一佛處眾會中，我見恒演菩提行。
（同學們如法唱誦）

佛的國土在哪裡呢？就在這個世界裡。出世即是入世，佛菩薩成就後，都在三界中任運往來——「猶如蓮華不著水，亦如日月不住空」。其實三界也不壞，欲界一轉念，化欲為樂，色界一轉念，化樂為明，無色界一轉念，化明為無念，這都是一種難得的享受呢?!但是如果執著了無念，守個空，就落在無色界中，沒有解脫；執著了光明，以為光明就是道，則落在色界中，也沒有解脫，欲界天之樂亦然。因此能在三界中自由往來，才是真正自在解脫，自在解脫就是佛道。再者，「一塵中有塵數剎」，「塵」代表很多的意思，比如我們生理上的細胞、物理上的原子核，或者物質世界一粒沙都是塵。一顆灰塵裡包藏有無數的佛剎土，這即是「芥子納須彌」的道理。拿醫學來說，人的身上一顆卵子、一個精蟲，其染色體結合後，在母體中可分化出嬰兒各部分精粗的器官，誕生後更日月成長為人，再結婚生子，又生下一大堆孩子，這便是「芥子納須彌」，「一身中有無數身」，生生不已。

以此我們或可理解「一塵中有塵數剎，一一剎有難思佛」。佛就在這個塵世中，到處都有佛，佛並沒有涅槃，上至天堂，下至地獄，佛無處不在。我們這個世界的佛是這般形相，在其他剎土中則不一定如此，也許變成魔的樣子，不是我們凡夫所能測度、所能想像。有些眾生你好好規勸，他硬是不聽，如果拿起一把刀要殺他，他就聽了。像穆罕默德在中東創立回教一樣，一手拿經，一手拿劍，「信則得救，不信就殺」，這在阿拉伯民族行得通，如果用我們佛教傳教方式就不管用了，要他信，他才不幹呢！我有時跟要到中東的同學開玩笑，要他們小心點。他們說，不會的，回教國家的人民都很規矩。我說那你不懂，阿拉伯人兩個教徒在一起，絕不做壞事，如果一個人在曠野裡那就不太保險了。平常有些回教教友到我家裡來，我知道他們只吃牛肉不吃豬肉，名曰吃素，並且不是他們家中親手做的，絕對不吃。但來到我家一道肉端了上來，說是素的，如果是客人單獨一個，則照吃不誤，不管牛肉豬肉，或者廚房的刀子碗盤是否沾了葷啦！如果是兩個回教徒在一起，他們絕對不吃，因怕對方回去告狀。所以「信則得救，不信就殺」，這也是一種菩薩因應眾生的教育方法，因地區的不同、民族的不同、時代的不同，他的方法就有所差別。然而千萬注意，菩薩之種種不思議教化方便，是以大智、大慈、大悲、大願為基礎，沒有這等修養，亂學菩薩們的做法，或以善巧方便為藉口來整人，那罪過可就大啦！

「一一佛處眾會中，我見恒演菩提行」，在這無量無邊的諸佛中，每一佛前又有很多佛弟子，形成各種因緣關係的法會，重重無盡。每一法會中的大眾，各各都在以各種法門學佛修道，孜孜於菩提道上精進勤修。我們不要看不起眾生世界，他們都在行佛道啊！一切眾生皆是佛，「心、佛、眾生三無差別」，所有眾生皆以他們獨特的方法在暢演佛法，我們有法眼看得出來嗎？六祖告訴我們：「佛法在世間，不離世間覺，離世覓菩提，恰如求兔角」，懂嗎？悟道要在世間，離開世間，悟個什麼？

現在緊接著下一偈，大家以無比的信心、誠心全部投入誦唸一道：

普盡十方諸剎海，一一毛端三世海，
佛海及與國土海，我徧修行經劫海。
（同學們如法唱誦）

前一句明顯表示佛就在這無量無邊、重重疊疊的現實世界裡，每個地方都有佛，真理到處存在，這點前面許多偈句中已不時地再三強調，我們的心量應能隨之大方開展才是。第二句談的是空間與時間。過去、現在、未來的十方三千大千世界有無量無邊的剎海，海代表大，比喻普賢願行如同大海那麼廣無邊際，並且不只一個「海」，這宇宙間有無數的佛世界，即是無盡的「佛海及與國土海」。這無數佛世界包含了無盡的時間、空間。以時間為例，時間是沒有固定的，「一一毛端三世海」，一個極微之物如細沙、水滴等等便是一個不可思議的世界，一個小空間便含攝了綿延不斷三世的時間，而一剎那的時間也含攝了無量無邊的空間。地球的一天或一年，在有些星球只不過是它們的一彈指頃或一天而已；而我們的一天，對一些幾分鐘生命的眾生，又覺得是好幾千萬年了。像豬、貓、狗、老鼠等等都有牠們的剎土，剎土中有他們的菩薩、導師以種種方便度化牠們。牠們的生命雖然大多比人類短暫，往往活個幾年或十幾年便很了不起，但依其生理構造、新陳代謝機能與意識狀態，幾年或十幾年乃至朝生暮死，對牠們來說，卻也是一段漫長的光陰啊！

時間是相對的，空間亦復如是。一隻螞蟻爬行一百公尺，以牠們的身軀與消耗的能量，相對而言，大概也等於一個人上百公里的行程了吧！這是一個觀念上粗略的比喻而已，實際上修行能做到過去、現在、未來三心不可得的境界，才能如實瞭解時空的奧妙，而現代科學對於時空鍥而不捨的探索，有很多實驗與理論很值得我們學佛者拿來作為理觀的參考。「佛海及與國土海」，國土是指物質的世間，中國、美國、日本等等都屬於國土海；地球、太陽、土星等等，全都在諸佛剎海裡。「我徧修行經劫海」，這個「經」不是唸經的經，是經過的經；是說我願生生世世投生於一切眾生中來度化他們，努力修習普賢行，在最困難、最惡濁的地方毫無保留地貢獻自己，利益眾生，如此經過無數劫，不管如何艱難，都不後悔，永不退轉。

接下來八句一起連著講。這一段與現在修持的準提法頗有關聯，你們修準提法目前還在「生起次第」中，基礎沒打穩，次數未滿一百萬遍。從「事相」言，修行持咒可真難啊！有人發心出了家，背會了〈楞嚴咒〉，以為這就真能轉魔障？修〈楞嚴咒〉，起碼天天持唸，也要花上好幾年的功夫，壇場如法布置，晝夜不斷持誦，才能有所成就。修大悲咒的法門也是一樣，不是說你會了這個咒子，隨便唸唸效果就會很大。咒語的效果很大是不錯的，但它融化到你身心上來了嗎？不要認為皈了依，常常跑跑寺廟這樣就行啦！然後學學唸唸咒子，恍恍惚惚，就想要有效果，不要糊塗了！所以大家要特別注意這一段。現在把它唱一遍，唱時還是那一句話，身心意識都要拋投進去，意思懂進去，終而忘我地唸誦下去。

一切如來語清淨，一言具眾音聲海，
隨諸眾生意樂音，一一流佛辯才海。
三世一切諸如來，於彼無盡語言海，
恒轉理趣妙法輪，我深智力普能入。
（同學們如法唱誦）

這一段包括恒順眾生與跟隨佛學。前面講過，無眾生則無佛，一切佛與所有眾生，佛性平等不二。現在來看佛之所以為佛，「一切如來語清淨」，語又與身意二者相關，故眾生學佛，第一要清淨身口意三業。像修準提法，口唸咒、意觀想、身跏趺坐、手結印，便是淨三業的極好修法。而三業中造業最厲害雖屬意業，但形之於外，最易在懵懂中動輒得咎的是語業。我們一天到晚不斷的在造口業。「誰人背後無人說，哪個人前不說人」，口之為禍大矣！有些怕受批評，其實啊！在背後何嘗不說別人的是非呢？有人當著面在恭維你，轉過身來背後可以罵你；高興時讚美你，不對勁時更可隨意損你。然而這一切都是空的，了無實際，偏偏不上此當者幾稀。

要修到口業真的純善——「一切如來語清淨」，是不容易的。語清淨在禪宗祖師有這樣的說法：「悟道與否，聽聲即知」。你語業有無功德，聽你出聲便分曉。相學上，聲音屬內五行，是很重要的一環。有人相貌各部位都很好，但聲音沙啞撕裂就破相了。不過有一種火行人，聲音沙啞卻是好的，因火燒起來，與沙沙聲相應，應許富貴。水行人聲音則以清亮為入格，至於木行人身材高長，若聲音沙啞，等於木逢火燒，成了木炭，不能大用。這些並不是題外話，只是在簡單說明一個人的身心狀況，完完全全顯露在他的五官身段及言談舉止上，根本瞞不過明眼人的。聲音好即是一種功德的表現，也透露了口業的清淨與否。口業有四種：惡口——惡言相向，譏罵別人；妄語——無中生有，扭曲真相；兩舌——挑撥是非，使人煩惱；綺語——甜言蜜語，迷惑他人。這些都是要不得的惡業，一個修行人多生累劫語業修得清淨，話說出來，自然具大威力，無形中、不知不覺中，眾望所歸。相反地，語業不清淨，凡有言說，少有實義，語調韻味也缺乏魅力，他人如何信服？甚至更糟的是，別人根本聽不懂你在說些什麼，或者一見你開口就厭煩，如果這樣，當事人自己便應該好好反省自己日常的言行。

比如唱唸一項，喉嚨音量美好的人，偈頌一唱，清越祥和，自然能使大眾心平氣和，法喜充滿。喉嚨不好的，連唱也唱不出來，這是語業功德微妙之處。像我常說自己五音不全，個子又小，當年在大廣場上，上千百人集合，那時物質缺乏，沒有擴音器，要演講訓話，能令每個人都聽見不是容易的事。比如我現在在課堂中這樣講，可能有時後面聽不清楚，這就要靠演說的技巧了，有些話講起來等於在唱唸一樣，字音要緩，略加拖長，音聲才能傳得遠、傳得清。這都是學問，都需智慧，也是方便波羅蜜。講演者一上台，一開口，看看聽眾的反應，自己馬上就曉得應該怎麼辦。這就是智慧。智慧的發生就在當下的事物上，不須別人來耳提面命，但是經常看到你們做錯了事，提醒了你，還是轉不過來，這不是太迷糊了嗎？

有些歌星，很受歡迎，這也有他的前生因緣，至少這一生聲音好，前生也是像你們這樣唱唸讚佛的功德或是其它善緣得來的。「一切如來語清淨」，凡是佛的語音一定清淨，經言佛之說法是迦陵頻伽之音，莊嚴動人，大家聽了都生喜歡，一聞便得甚深正法利。「一言具眾音聲海」，佛證得法、報、化三身圓滿，一念具足無量三千大千世界的體相用，他常住在宇宙根本究竟處，一言一行皆能含攝全體法界，所以一言出自能與一切眾生各種不同的言語相契，這是一音具足一切音，「佛以一音演說法，眾生隨類各得解」的道理之一。談到音聲，在佛法上一般人很容易想到咒語，咒語又叫真言，佛因其口業已澈底清淨，了斷所有言談所可能犯的過錯，不妄語、不兩舌，也無惡口與綺語，凡有言談，皆本實在，以實在故，能夠自然在現象界中成為事實，所以佛言名為真言。道家得了道的神仙叫真人，也有這層次的意涵。佛法所有咒語的母音為「唵、阿、吽」三個音，像華嚴字母也是同一道理，它因轉音的關係，一音可轉出平、上、去、入四音，其實同一字音可轉出的音實在不少。世界上眾生的語言根本道理是相同的，國與國之間，區域與區域之間，乃至六道中人與畜生之間，表面上語言大有差別，無法直接溝通，事實呢？大家若從佛悟得一切宇宙生命的本源一事與所有聲音的基本發聲結構中去省思探討，多少會得到些啟示。孔門弟子公冶長就懂鳥語，大家千萬不要草率地以鄉野奇譚的眼光視之便了。

再言之，如一位不懂中國話的人，聽我們講話，是一個音聲，我們不懂外語，聽老外講話，也是一個音聲。人類的語言音聲大致就是那幾個子音母音的組合轉化，同一個音不同地區的民族人種有不同的含義。反過來，同樣一句語意相同的話，每個人講出的音聲語調又都各自不同，不同民族的語言講起來更有差別，這就是「一音具足一切義，一義含攝一切音」，由此大家或可略以體會「一言具眾音聲海」這句話了。像你們同樣唸準提咒，每個人的音聲都不一，坐在這裡一聽便知道你們的身心狀況。何以能夠呢？只要進入言語三昧中自然了了分明，此便是真言，亦即是「一言具眾音聲海」的道理。所以你們好好唸一個咒子，等於唸三世十方諸佛，尤其是準提咒，一切盡在其中，一即一切，一切即一。

學佛的人，跟佛學一切願行，當然也要學佛的清淨語。咒語是一種清淨語，包含無量意義，無法翻譯完全。像以前叢林裡初一、十五唸普庵祖師所傳的咒子，威力很大。普庵祖師是南宋時應化中土的菩薩，他悟了道以後，說出普庵咒，這是要八地以上的菩薩才能做得到，等於他們成立了個專門與眾生通訊的電台，自由收發訊息。觀世音是眾所皆知的菩薩摩訶薩，所以你唸他的咒子、他的聖號，他那不可思議、無遠弗屆的通訊電台必然收到，自然而給予回饋，這種能力來自語業清淨的功德。

「隨諸眾生意樂音」，眾生的意樂不同，業力不同。像有些人喜歡聲音帶有磁性，每個歌星都有自己的聽眾，有些人喜歡別人的撒嬌聲，這都是眾生意樂不同，意業不同。音聲海也就不同。因此恒順眾生，不能說我不喜歡這聲音，就要人別講這樣的聲音，不喜歡也要聽，而且更要學會別人喜歡的音聲說法。「一一流佛辯才海」，辯才無礙談何容易?!在佛教中的菩薩裡有一位「維摩居士」在這方面最為突出，許多大菩薩、大阿羅漢都難望其項背而為之讚歎不已。辯才無礙不是嘴巴專會抬抬槓，而是智慧的成就。悟了道，成了佛，所說所言，怎麼比喻，自然都如理如法，沒人問得倒他，而他一問就問倒了你。這是多生累劫修口業、修智慧的善果。同樣一個笑話講出來，會說與不會說的，別人聽後的反應大異其趣。大家專修準提法這幾個禮拜來，誠敬唸誦咒語，消極方面少造了不少口業，積極地卻修了相當的語業清淨功德，但是你們當中唸得好，喉嚨真正完全打開的，語音真正清淨的，還沒人做到。語音真清淨喉輪自然開，此二事彼此互為因果，說二實一。

大家一進這個壇場，只要精神專一，虔誠恭敬，依我所示心氣合一的方式唸誦，語音便能轉趨清淨，給人莊嚴自在的感受。像昨晚有一堂修得很好，語音一得淨化，感應馬上就來，佛菩薩現身臨壇，絕不虛妄。「一一流佛辯才海」，這還要專心唸咒才行，不要東想西想，掛慮俗事。現在唸誦不是參話頭，只要專心一致便得。「心聲」、「心氣」合一，真言咒子唸到家，智慧開了，文才、口才都能大進，此即「三世一切諸如來，於彼無盡語言海，恒轉理趣妙法輪，我深智力普能入」。為了恒順眾生，要通達一切語言，菩薩要學五明——因明、聲明、內明、醫方明、工巧明，乃至戲舞歌謳都要通。這在小乘戒、比丘戒雖是不准，違越遮戒；菩薩戒不但不犯，甚至嚴格而言不學還有過患。行者如何於此二事之間善自揀擇，以前的講演中已曾談到，大家若有疑問，應該仔細參究，切莫草草了了。所以跟隨佛學，要瞭解「三世一切諸如來，於彼無盡語言海」，一音可說三藏十二部的法門，一種法門可以用種種無盡的音聲來傳達，「恒轉理趣妙法輪」，由此展現推動宇宙生命的真理，引導眾生進入佛法的正知正見。

學佛的人，就要發這個願，像普賢菩薩一樣，對於前述佛之語言功德，「我深智力普能入」。大家自己發願，在音聲海中，不管唸經專修也好，日常做事也好，隨時培養自己般若智慧的成就，開發自性無可限量的潛力，深入佛法重重疊疊圓滿無礙的華嚴境界。現在這些道理你們或許懂，但身心沒有證到那個境界，所以講出的理論沒人信服，等你真悟了，智慧透發，再加上口業清淨，你說出的話，人們就易信服。真會演講的人，我幾十年看下來很少，只見過一兩位。演講高明的人，別人聽了他的話，不但思想觀念受到影響，進而甚至願以全部的身心性命追隨他，像國父孫中山先生就是一例。西藏有位大喇嘛，我曾問他，「孫總理是什麼人來的呢？」他說：「大自在天天人」，所以，他有那麼大的辯才與智慧。我們一般世人，有些只能從商，有些只能任教，有些挑葱賣菜，有些從軍打仗，林林總總，個性、氣質、能力、志向皆有差別，這是各人業報功德不同之故。這一點你們應該瞭解，所以有些事我找他來做，有些事找你來做，因我很清楚其中之緣如此。比如初學者需要輔導，給他找對人，緣配得好則圓滿，否則搭錯線反而增長該人學佛的障礙，「我深智力普能入」，這點非常重要，現在唱下面八句：

我能深入於未來，盡一切劫為一念，

三世所有一切劫，為一念際我皆入。
我於一念見三世，所有一切人師子，
亦常入佛境界中，如幻解脫及威力。
（同學們如法唱誦）

唱唸是八萬四千法門中一種很柔軟、溫和的修煉方法，這軟修法門修得好，一字音中即能「一言具眾音聲海」。在煩惱痛苦的時候，放開一唱，所有煩惱都沒有了，進入空幻三昧的境界裡去。尤其在高山頂上，無所顧忌與掛慮，開懷唱之，天地人我皆空，才知道音聲海確是既微密又美妙的解脫法門，《楞嚴經》觀世音菩薩的觀音法門，正是現成寶貴的一例。現在科學對光的研究頗有進展，而音聲方面則較落後，像銀河系中的巨大聲音，現在科學家所知極少，只曉得銀河系統有很多聲音，但搞不清楚它的位置、來源和性質。有時我們聽到什麼聲音，一下又沒有了，那有些是非人所發出的。其實聲音愈大，我們愈聽不見，人類這耳朵、耳根聽的能力很有限，然而我們這個自性的觀音之功能是無限的，你修持到了，自然曉得。所以唸誦的修持，唸啊唸啊的，到了夜裡睡著了，還聽到唸誦的音聲，這不稀奇，也不要害怕，知道原理，何怕入魔，這是一種正常的現象。

《行願品》現在接著告訴你：「我能深入於未來，盡一切劫為一念」，這就是音聲海法門的延展，現代科學還不太容易解釋。此處亦屬常隨佛學願行之一。我發願未來一切劫的事，一念之間都能知道。一切劫只是一念，依顯教的說法，須修三大阿僧祇劫才能成佛，但如真懂了，悟了道，在《普賢行願品》中這都給你點出來了，一切劫也不過在一念之間而已。一念頓悟，即超三大阿僧祇劫，這與修普賢行願關係莫大。「李長者」云：「十世古今始終不離於當念，無邊剎境自他不隔於毫端」，這是時間與空間融化在定慧的境界中、音聲海的境界中，只此心之一念就可以轉化時空，諸佛菩薩有這樣大的神通功德並不稀奇，因一切眾生自性本具此項功能。

這一段講佛境界，也就是修行人的目標，這麼一念與大行普賢菩薩同等之心，便能「三世所有一切劫，為一念際我皆入」，一念之間超越了這個地球成、住、壞、空的歷史，一彈指頃，便自我了知前生是誰？來生何往？在這一片準提咒的無邊擴展中，時間空間嘎然消融，輕而易舉，不費吹灰之力，自然就到了。這是由音聲轉念的修法，音聲即是念，念動聲動。「我於一念見三世，所有一切人師子」，要見佛其實很容易，佛就在你的心中，你一念佛，當下即見佛，所以唸佛、唸咒，一念至誠，十方三世諸佛全體皆現。「所有一切人師子」，師子指老師、善知識，是暗路的明燈、智慧的指導者，這些只要你真誠意念他們，沒有不滿你願的。

「亦常入佛境界中，如幻解脫及威力」，其實有時候你修得好，就已是佛的境界，只是自己不知道，信心不夠罷了。提得起、放得下，就是佛境界。大家在日常生活起居中，有很多事舉手投足、吃飯飲水，都那麼隨心應手自然成辦，這不是佛境界嗎？只是另外卻有些事情太過在意，計較得失，因而提不起、放不下，又困擾自己而已。今天修準提法，要唸它七日七夜不下座，行不行呢？不是不行，問題在於你是否真有這個心？真這麼想、這麼要，一下便能進入音聲海三昧中，定了。說要放下，萬緣便放下，身心皆空，一切如幻。「有」如幻，「空」也如幻，動、靜、空、有皆同幻，不要錯認以為一切有與動是幻，空與靜才是真實，那又糟了，甚至如果說「中道」有的話，中道也是幻啊！「如幻解脫及威力」，這世間一切如夢如幻，了了常知，即真得解脫，在真空的境界中，能起無限威力，能做無量事業。所以你只要能在妄念較少之時唸一個咒語，「唵」一開始，那力量就不小了。「唵、阿、吽」是普賢如來的根本咒，包括一切咒。普賢如來有如幻三昧的修法，如幻解脫，知一切如夢如幻，如露如電，無任何罣礙，空靈自在，具大威力。六道中每一道的各式色相和諸法的生生滅滅，都是幻想，都是「真空」中無盡生生不息的變現，莊嚴美妙，全在你那兒，隨你怎麼去加減乘除罷了。

現在準提法會已快近尾聲，「出家如初，成佛有餘」，希望諸位還是保持剛開始的至誠專一，分秒不可絲毫懈怠，唸誦方法方面，這裡再次強調要點有三——心氣合一、聲氣合一、身心合一。這三項如果做到，音聲自然不同，尤其身體內部的氣脈，海底輪、臍輪、喉輪、心輪、頂輪等等都會震開。「唵、阿、吽」三部音，自己要用心體會。還有準提咒「怛姪他」三字要唸「達扎托」，唸音與華嚴字母及身心的氣脈都有關係，能如此唸一口氣順著下來，有助氣機暢順，貫通中脈。如果唸「達知托」，氣就外散乃至斷了，不易震開氣脈。依我多次提示的唸誦行之，上下七輪的氣脈都能振動到，抑揚頓挫有致，高低平仄分明，節拍則宜平順，而重點在於聲音隨著氣機自然在體內任運轉動，該高則高，該低則低，三部音輪迴周流，聲音保持一樣，但是音調可以不同，隨氣自然而轉。唵字音轉到頭部發出來，阿字音在胸部，氣下降到臍輪則是吽字音。吽字音震動臍輪，此音屬低，然後氣再接著自然上衝至頂輪。頂輪有時會發脹，此時要把覺受空掉，定在光明中唸。這些都要靠智慧，知時知量，善加調整。

華嚴字母大家應用心研究，其中轉音的道理，與氣脈的修持大有關係。梵唱這一法門確實是為住山真修行用的，不是稀稀鬆鬆供人娛樂的音樂。以前叢林住眾多，為求方便，古德乃將佛法的音韻統一整編，配上法器，藉供大家一起薰修，後來逐漸演變成音樂性質，忽略了它實際的修行功用。華嚴字母一字轉了四個音，以「有」字為例，拉長音時還是「有」字音，「有」字轉音可以，但不可以加上花腔，變成別的字音，因為轉成別字音好唱也好聽，但已形同一般音樂，在生理上不合氣脈原理，而心理上也失去了梵唱那種恭敬讚歎的情操，心一散亂，所有唱唸修行的利益都要大打折扣，這一點極為重要。華嚴字母每個字都有平、上、去、入四階，而平、上、去、入中又有各之四音，練習純熟的人，自己可隨心所欲而唱，循此悟道，乃至方便度人，妙不可言。

《指月錄》載有一位禪師，他一生大澈大悟後，不說法，不講禪，只唸一句「南無觀世音菩薩」，一天到晚就那麼一句，最後達到究竟成就。這正是前述《普賢行願品》所說「一切如來語清淨，一言具眾音聲海，隨諸眾生意樂音，一一流佛辯才海」的佳例。這音聲海的修持，只要氣調得好，自己如此一唸，立即忘我，入了音聲海中，關鍵除了我所說的氣脈問題外，還在誠敬上，不在調子如何。譬如唱懺悔文，心中至誠，全意貫注，字音一發，身心性命全在懺悔中，此時懺悔辭句已不相干，懺悔的氣氛充滿，一念頃，諸業銷殞，別無雜想，身心清淨透明，如雨後晴空，噯呀！就這樣做到「心一境性」了嘛！譬如有位同學喉嚨病了很久，自己還是個醫生，吃了很多藥都沒效，聽我講這軟修法門，他回家自己一試，如法而修，喉嚨的病便好了。唱誦的道理甚深微妙，自己要深思體會。比如唱〈爐香讚〉，由爐字起音，在平、上、去、入四聲拉長自然地轉，氣長的人可拉得很長，練得好，氣愈練會愈長，氣一長，便能得健康長壽。由於你們的觀念習氣，受一般唱唸方法的影響，偏重語調的講究，忽略聲氣調配之理，未做到心氣、聲氣、身心三合的境界，因此法益未能十足發揮。

有人問為何平常少夢，修了準提法反而多夢？這是好現象，道理如一杯濁水，稍以靜置，經過沉澱作用後，便可看到污濁的髒物。心靜才能發覺到自己的妄想多，若不修持則連胡亂做夢自己都不知道，甚至白日夢此起彼落，一樣也檢查不出來。並且，夢境分很多種，修準提法做的夢有時不是妄想，而是某種感應，此詳情大家可參看《顯密圓通成佛心要》密教部分。另外有人問《顯密圓通成佛心要》提到準提本咒八個梵字安布在身體幾個部位上，為何面部只有兩眼布字？而雙手又為何無字？這梵字布置的道理與身體氣脈的關鍵相應，以氣脈節骨眼的重要性為布字原則，其中六根最重要的是心眼，六根之發通，以眼通最難，眼通一發，餘根便能隨之發起，因此雙眼布字是必然之舉。又問準提佛母十八隻手所拿各種法器含義如何？這道理意義很深，大家可先將每種法器有何象徵的資料查清楚後，再慢慢為你們解釋，不過十八隻手法器的拿法並非固定模式，有時可以變動的。

講到這些，表面上與《行願品》無啥牽連，其實很有關係。尤其我一再強調的唸誦法更與《行願品》息息相關。我再婆婆媽媽的講一次，早上容易昏沉的時候，法器的敲打應快些、密集些，唸聲也要大些，如此精神振作，妄想減少。唸時要回轉來聽自己的音聲，不是聽別人的，一覺昏沉趕緊張眼，密集大聲的唸，唸到速度相當快時，便自然由開口唸誦轉為金剛唸誦，心氣慢慢就自然合一了。金剛唸誦是唇齒之動輕微，而以舌根彈動，當很平靜時，慢慢的唸，但不能太慢，太慢就成唱誦了。又開口唸誦眼宜睜開，與外界自然之光融成一片光明，化為無相光，身心俱忘。現在佛前供了七盞照世明燈，光輝柔和安詳，張開眼唸是很好的。

另外關於「唱誦」，每句最後一個字音之拉長，在這字音的平、上、去、入音節之內，以舌頭去彈動，入聲的氣是往內部下沉，吸氣進來，不往外散。唸得如法，喉輪自開，而且因耳通氣海，耳根自然向內反聞自性，不往外馳求，心氣合一，夫復何難?!得止得定，早晚成辦。唱誦修好了，氣息深長微細，睡時無呼吸聲，此即龜息，若一躺床上入睡，人便呼呼大響，那是身心不調，業氣粗重之人。以道家精氣神而言，觀想時煉神，唸誦是修氣，端容正坐為煉精，精、氣、神層層昇華調和，身心氣質自然轉化，所以三業專精的話，成就便快。你們下座後，要把這些唸誦原理細細品味，融合貫通，好處不可言喻。上戒下德老和尚的唱誦很標準，你們可以向他學，重要在於「調子」是固定的，要學正確；而「腔」因各國各地乃至各人環境、背景都不同，可以因人而異。朱博士有一卷印度人以現代音樂配唱的六字大明咒，非常動人，一聽，身心皆忘，俗慮煩惱消失無踪，所以唱誦之功德不可輕忽。有時你們獨自修持，在夜深人靜時刻，心中有很大的煩惱感慨，不妨在佛前一站，一首詩、一個偈子，唱完了它，煩惱沒了，萬緣也就放下了。一切戲舞詠謾、詩詞歌賦都是給人調節身心用的，古代祖師及一些行者，詩詞都作得很好，一面藉供調心，一面方便說法，雖是戲論，也是功德。現在接唱下八句：

於一毛端極微中，出現三世莊嚴剎，
十方塵剎諸毛端，我皆深入而嚴淨。
所有未來照世燈，成道轉法悟群有，
究竟佛事示涅槃，我皆往詣而親近。

（同學們如法唱誦）

「於一毛端極微中，出現三世莊嚴剎」，處處皆是佛法，古德云：「青青翠竹悉是法身，鬱鬱黃花無非般若」，一毛端極微中含藏三世如來的莊嚴寶剎，大家相信嗎？只要心念一動，任何景象皆可顯現，一個念頭可觀想成一座高山，此即芥子納須彌。這裡所言一毛端是最小的嗎？——還不是。這一念最小，隨時在第六意識中，這麼一提，莊嚴佛剎即時觀成，能如此學佛才算上路。像西方極樂世界、東方藥師佛國等等，一念之間就要觀起來，尤其標榜學密者，更應做到。觀不觀得起，牽涉到慧力與業力的問題，切莫觀不起來，就說本來一切空。這不是空，是懶，是無能。須觀得起來，而後再空掉它，這就對了。

學佛的人，不但要能觀得「於一毛端極微中，出現三世莊嚴剎」，還要做到「十方塵剎諸毛端，我皆深入而嚴淨」。等於說修持真得利，不但白天明明了了，晚上夢中也能夠作主，夢中知道做夢，可以不夢，而夢中照夢，重重無盡法界，一層一層在一念之間都普現出來。並且六根可以並用，不相妨礙，一念可起多種相反的功用而彼此圓融無阻。「於一毛端極微中，出現三世莊嚴剎，十方塵剎諸毛端」都能「我皆深入而嚴淨」，這道理在「心包太虛」、「一切唯心」、「即用即體」、「大而無外，小而無內」上。「嚴淨」是莊嚴清淨諸佛國土，不但理上懂得，要事上修到才行。

「所有未來照世燈，成道轉法悟群有」，照世燈是指諸佛菩薩及諸善知識如照世之明燈、暗路的火光。所有未來的劫數隨時隨地都有諸佛菩薩化身為善知識，一生學佛修道，悟道成道，或現出家相、或現居士身，種種善巧方便濟度眾生、教化眾生。「究竟佛事示涅槃，我皆往詣而親近」，學佛要時時親近佛菩薩，接受教化，而佛菩薩一生弘法功德圓滿，要入涅槃，我也前往親近，請他繼續住世或乘願再來。現在佛已涅槃，親近一事則可在意境上隨時觀想自己在頂禮供養。此如平常佛桌前上香及晚上施食唸七佛聖號，口唸同時意境上就要觀想七佛在前，乃至七佛各各的佛土寶剎都在前面，否則施食——要宴請各路的好兄弟，光七粒米、幾滴水，不依仗佛力加持，誰有此本事呢?!學佛需要如此地修普賢行，才能發起下文即將講到的「神通力、大乘力、功德力、大慈力」等等功用，摧滅一切煩惱，降伏一切魔障。

前面我一再提到如法唸誦的重要，同時也已指出《普賢行願品》的修持，每一偈頌都要自然作意起觀，偈中所述的境界，觀不清楚也要心意到了才行。其實意念的觀想更重於口業的唸誦，這點請莫忽略。我們講《普賢行願品》由禮敬諸佛開始，一直到常隨佛學、恒順眾生，意識隨時應安住在這行願海中。所謂普賢，我說過就是「普現」，一切呈現眼前，要普現出來，不現出來，只在嘴裡唸唸，功效較小。大家都曉得「若能轉物，則同如來」，「轉」要如何轉起？——從意根上開始。你們讀《成唯識論》〈八識規矩頌〉，不要以為意根的分別是那麼的壞，有如蛇蠍。成佛之道還得靠這些意根呢！意識轉了，前五識就跟著轉，第七末那識和阿賴耶識也都跟著轉，意識就有這麼重要。玄奘大師綜合唯識之理所作之〈八識規矩頌〉中說：「六轉呼為染淨依」，指第六意識轉到染法，即是凡夫，轉為淨法則成聖賢。而所謂清淨並不是要你不起分別，而是做到《維摩經》所言：「能善分別諸法相，於第一義而不動」。這個第六意識轉成妙觀察智，那便超凡入聖了。至於如何轉法，六祖說得好：「轉其名而不轉其實」。就是這個東西，心佛眾生了無差別，同等具足一切萬法德性，一念覺照，即得清淨明了，你拚命要把第六意識丟掉，要丟到哪裡去呢？《法華經》亦云：「是法住法位，世間相常住」，懂嗎？

佛法根本是智慧之學，懂得這個，第六意識便是絕妙珍寶，意識不轉，光在那兒打妄想，執著那些世間的是是非非，貪瞋癡慢疑全犯，那就完了。然而你真要貪瞋癡慢疑也沒有錯呀！你貪錢能一天二十四小時念茲在茲，而得止得定，那就好了，能嗎？有位同學問我：怎麼密宗有個佛慢呢？我說：要成佛的人還不慢嗎？最慢了。我要成佛，「天上天下，唯我獨尊」，慢極了。學佛者要度一切眾生，明知眾生度不完，卻要「虛空有盡，我願無窮」，這是佛癡。煩惱重重，如天羅地網，奮力要拔開慧劍斬斷葛藤，這是佛瞋。成了佛以後，還在修功德，「智不住三有，悲不入涅槃」，這是佛貪。密宗在某個階梯上常需佛慢，譬如你們修了準提法，要去給人治病、消災，自己沒信心是做不好的。一有信心，佛母就在我這裡，準提佛母、毘盧遮那佛與上師和我四身合一，我即佛，佛即我，如此信心，對了，病就治好了，這還是從佛慢來的。佛慢能生自信心，故《華嚴經》說：「信為道源功德母」，這心念一轉就進去了。外道畫符唸咒，也都要自己有信心，才能成就。

現在美國、蘇聯、大陸、歐洲等地研究神通的越來越熱鬧，他們挖掘了很多具有特殊能力者，大陸上這方面的研究更是積極。比如實驗搬運法，有位物理學家硬不相信，在自己襯衫上拿下一顆鈕釦，用帽子蓋在桌上，一下翻開竟然不見了，這是被受測試者唸咒子把鈕釦移到隔壁房間去了。這種在道家還只是屬於小搬運法而已。你們準提法修好，神通又算什麼?!三十年前美國賓州大學有位教授神父，派代表來與我接洽，想成立有關神通的研究學院，請我去主持。他如果講的是正道，以科學、醫學的角度來研究人體身心的奧祕，對人類文化前途能有貢獻，我還願意試試，如果只是為了追求稀奇古怪，驚世駭俗，那對不起免談。此事後來我以其他因緣而拒絕了。神通容易呀！找幾位真正的童男童女，或根器好的，訓練幾個月，乃至幾個禮拜或一週之內就會神通了，有何稀奇?!可是天下大事不是這一套就能夠解決的啊！人事的問題還是要靠人事之力。若要比神通，佛的神通最大。有些事依其因緣，佛可以神通救世，有些事另有因緣，則需乘願輪轉六道，才能有所解決。佛菩薩的神通，是不可思議，他的入胎輪迴轉世，不畏苦難，濟度眾生，更是偉大的神通，更不可思議。況且一個世界的劫運、國家之共業是要靠大家一起在行為與意識上去修正，才能轉化；非神通所能奈何。還有個人的業力，學佛者也要懂得自己承擔，從自己身、心、行為修起，努力去淨化，並非做錯事、犯了罪，便要求佛菩薩特赦，大家都這樣，因果何在？因果之力極大，自作自受，解鈴還需繫鈴人，菩薩大慈大悲，具大神通威力，但也要你正心、誠意、修身，惡業自然能不轉而轉。再來接著唱誦：

速疾周徧神通力，普門徧入大乘力，
智行普修功德力，威神普覆大慈力，
徧淨莊嚴勝福力，無著無依智慧力，
定慧方便威神力，普能積集菩提力。

（同學們如法唱誦）

說到神通，世間學佛學道的人大概希求的都是這個，真正曉得從道之根本起修的就很少。神通沒有什麼不對，但它只是道的枝節末葉而已。永嘉禪師在他的曠古名作〈證道歌〉中說得乾脆：「但得本，莫愁末」，又說：「直截根源佛所印，摘葉尋枝我不能」，我們皈依佛門，甚至圓頂出家，為的是求證究竟菩提，其他一切方法工夫乃至種種殊勝境界，嚴格而言，都是修行過程中的海市蜃樓，大修行人絕不貪著，也不可能為它迷惑，只有菩提心不夠真切，般若智慧不夠透澈的小根小器，才會對自己身心變化必然的現象大驚小怪，被意識層層變現的境相唬得一愣一愣，終而跳不出《楞嚴經》五十種陰魔的陷阱。

神通並不稀罕，它其實一點也未超乎自然法則之理，只是平常人的見聞覺知拘限於某一層次固定的模式，不知其生發的原理而已。宇宙萬象諸法的演化，春來冬往，風雨雷電，皆是奇妙神通，而人習以為常，反不為奇。而人類自己的生理、心理機能，那更是一項妙不可言的神通構造，研究醫學與心理學的人，應最能感受到這部包含意識、神經、循環、呼吸、內分泌等多重有機系統的精密機器，是如何的不可思議。要談神通，這些事項倒是不可輕忽，光是執認打坐中所呈現的光影現象為神通妙道，未免令人有捨本逐末、因小失大之憾。

比如我們吃飯，肉菜羹湯傾嚥下肚，到了胃部、大腸、小腸，經過一番消化與養分的吸收，剩下的殘渣稀哩嘩啦經由肛門排出體外，成了糞便，人見人厭，卻又能滋長大地的花草穀物，以應人類和飛禽走獸之需，這不是神通是什麼？古德云：「搬柴運水皆是神通」，究竟有幾人如實體會？難道見光見影、放光動地，其神奇性就超越得了這大自然動植庶品的生態循環作用嗎？要麼，那也得發明心地，證到宇宙生命的根元而起大機大用才行。

真正的神通是智慧，智慧是神通的元力，大家既然嚮往神通，又何不從此下手，全心全意鍥而不捨地修學這無以倫比的最大智慧神通之力，由此自然能進入「速疾周偏神通力，普門偏入大乘力，智行普修功德力，無著無依智慧力」等等不思議境。

「速疾周偏神通力」，目前科技機器，以最新一代的超級電腦來說，它的反應再快，比得上我們心念的轉移嗎？像現在美國太空梭飛航的速度可達二十五倍音速，已經是快得不得了，然而我們的念頭一動，早已到了月球，那有多快！連大約每秒一八六二八二哩的光速，都比不上。我幾十年前在《禪海蠡測》一書中便提到光速不快，念速最快。為什麼呢？光速還有行進的過程，念速則無。像現在我講一聲「高雄」，你一想，同時就到了，當下成辦，不假方便。這之間毫無空隙，想到哪兒便到哪兒，隨想隨到。佛經常以「剎那」、「一念頃」或「壯士伸臂」形容時間的迅速，還是因應娑婆眾生的思想觀念，不得已所作的比喻。其實心念之動，超越時間空間，沒有過程，動而不動，大家不妨在自己的舉心動念間仔細參究參究。這便是真神通，這便是「速疾周徧神通力」，人人本具，誰家沒有？只待智慧善加開發，則這些念頭的起伏，終不止於平常人意識中的一種空想而已。

現代有些喜玩神通看因果的，或矇起雙目，或睜著兩個發紅的眼珠，看了半天，什麼神啊鬼啊一大堆，縱有小驗，終非究竟。要玩神通就玩大的，向本師釋迦牟尼佛看齊，學學他老人家在三藏十二部經典中的榜樣。你們能嗎?快快發起普賢菩薩的大願大行吧!這就是最大最不思議的「神通藏」,諸位盍興乎來?!

真正的大神通,「速疾周徧」,無所不在。神通的「神」即精神的「神」,你能將精神長養保任得充充實實、明明歷歷嗎?人身體有病,一點力氣都沒有,精神就壞了,這個神一不振作,便轉到陰境界裡去——昏沉啦!看到什麼東西都沒興趣,雙眼混沌,垂頭喪氣,意識不清,像要死了一樣,灰濛濛的,這也是一種神——陰神。陽神則像日出一般,金輝透發,光明徧照,萬里無雲,處處精彩,神通自在其中矣!一個開悟得道的修行人,心光炯耀,晝夜長明,不但不思睡,其他財、色、名、食也都斷除了。比如名利一項,皇帝的九五寶座,在得道者眼中根本一文不值,你將整個地球的財富送給他,他也不屑一顧,這是一種陽神的自在境界,不會被外在的名聞利養羈絆,更高明的話,甚至也不為各種禪定妙境所迷惑。

「神通」一切眾生都有,佛菩薩做得到的,你我也必然做得到,問題在於我們未把神通的功能變成「力」的作用,這種力的作用能夠發揮,便是前面所提到十波羅蜜中的第九「力波羅蜜」得到相當的成就。我們平常人一輩子活得庸庸碌碌，與世浮沉，事功德業兩空，乃由於未能奮發己志，起不了大願大行之力，說得通俗點，就是沒有氣概，作人做事缺乏魄力。比如這個四大假合的色殼子，病痛難免，有時你倒楣遇上了，說：「格老子，有什麼了不起，我就不理你。」剛開始還蠻有點氣派的樣子，但過不了多久，哎喲！我的媽，受不了了，最後還是它厲害，你的力量扛不住它，對不對？但是有些「粗人」卻扛得起，像一些學武的漢子，血氣方剛，在大眾面前為爭一口氣之勇，你刀子砍在他身上，他哼都不哼一聲，連眉頭也不皺一下，這份「力」的表現，雖然用處值得商榷，卻也頗有可觀。我們這些時常標榜「我不入地獄，誰入地獄」的大乘種性，未必就有這等能耐啊！你說：「我要觀想就觀想，要得定就得定。」真有這份力量嗎？

「速疾周徧神通力，普門徧入大乘力」，大乘菩薩道，法門無量誓願學，以救度眾生而實無眾生得度者之心，修學一切法門，不管正道也好，魔道也好，都深入參研探究；不管恩親好友也好，冤家債主也好，都全心全力幫助。「普門徧入大乘力」這個「徧」字至關緊要，徧則無一漏失之處，功德圓滿之意。我經常感嘆，現代天主教、基督教在最苦惱的地方較常看得到他們的神職人員在奉獻出心力，佛教並不是沒有，只是差得多，根本談不上「普門徧入大乘力」，只想自己盤腿修行成道者多，願為救度眾生入苦海者少；結果儘管修了一輩子，功德難以圓滿。目前佛教不振，歸結就在於我們佛教徒未能「普門徧入」，功德不圓滿之故。

尤其有一個怪現象，許多人不學佛還好，一學佛包你變得神經兮兮，怪模怪樣，原本做得好好的生意都會垮掉，搞得雞飛狗跳。為什麼呢？因為不解佛法真諦，只執迷於盤腿打坐為是，一會兒要空啊！一會兒要放下啊，根本沒有時間精神照顧事業。真正學佛，只要見地和方法正確，益處絕對多多，若是學佛反招不順，除了因果報應或魔考的理由外，也要檢查自己的觀念行為是否偏差。佛法是活活潑潑積極入世的，要「普門徧入」，要修大乘之力。大乘之力來自大願大行，《普賢行願品》講的正是這個。釋迦牟尼佛在《法華經》中以牛車喻大乘；鹿車、羊車次之，喻中、小乘，此些教誨難道還不夠明白嗎？禪宗祖師們時常警策我們放下、放下，放下個什麼？——「我執」而已。你若看不清問題的癥結所在，以此當作逃避現實的藉口，什麼事都不管了，那也只好任你去自欺自誤，怨不得誰了！

所以學佛首要不可無智，須多生累劫深入各行各業偏學一切智慧，做到「智行普修功德力」，由智起行，大慈大悲利益法界有情，圓滿菩提功德。修功德千萬要靠智慧觀照，不要濫用慈悲，因為有時愛之適足以害之，同時也應以《金剛經》的「不住相布施」為善行的歸趨，並且更要注意，別又以怕犯了濫用慈悲之誤為藉口，來粉飾自己的自私自利。真正的智慧假若缺乏八萬四千細行所挖掘出來的妙功德水來長養，是生發不起來的。你們天天在這裡持咒觀想，念念期證菩提，何不問問自己，活了二三十歲、四五十歲，到底做了幾件好事？

「智行普修功德力，威神普覆大慈力」，修行如法，功德廣聚，自然能生不思議威神勢力。而慈悲則如父母之愛子女，子女錯了，父母大聲斥罵，罵得一針見血，罵得恰到好處，一下糾正子女的錯誤。這出於關愛之心的一罵，莊敬嚴正，威勢凜凜，即是一種「威神普覆大慈力」。另外，也有父母看到自己的孩子遭遇危難，心頭一急，不管三七二十一，奮不顧身衝往救助，突破常人體能的極限，這亦是大慈力的一種威神表現。慈悲等於太陽的光明和熱能一樣，它是修行人滋長慧根、法身的活命之源，心行身行與慈悲相應，方能如實感覺到自己心中的菩提嫩芽，一日日地成長茁壯。

經由普賢願行的修習所產生的種種殊勝力量，接下來是「徧淨莊嚴勝福力，無著無依智慧力」，大家用功精進修了這麼久，心境清淨了嗎？煩惱化掉了嗎？我執、法執都在智慧的覺照下，消失得無影無蹤嗎？「心淨則國土淨」，煩惱轉化了，自然通身舒暢，心光煥發。至少道果未成，修了這麼些日子，也要達到像色界「徧淨天」第六意識的清淨境界才行。意識能夠清淨，行止自然莊嚴，清淨莊嚴，身心和諧，這非以少善根福德因緣可得，須是「勝福」之力方堪成就。

現在這一段經文所強調的主要在一個「力」字。比如打拳，架勢招式練得再怎麼出神入化，若是花拳繡腿，真遇到對手打起來，那準不堪一擊，當眾要出醜的。學佛修道也是一樣，既然持戒，就要發揮動心忍性、百折不隳的力量；修定不修則已，一修定要做到八風吹不動、排山倒海也不能移的境界；至於般若智慧，不論人在何時何地，不論身處何種狀況，順境也好，逆境也好，當下一個覺照，明明了了，不為事惑，不為物迷，自自然然把握得住自己，這便是慧力有效的表現。只要戒定慧這三無漏學之力培養足夠，即是悟道成佛之時。

「無著無依智慧力」，有智慧的人是不會死心眼執著任何事物的，凡事提得起、放得下，自由自在，無所障礙。並且光是「無著」還不行，更要一切「無依」，不依賴人家，也不需借助任何方便，完完全全的獨立自主、圓滿無缺。佛說：「天上天下，唯我獨尊」，其理在此。我們學佛是要做眾生的依怙，並非反過來去依賴眾生或者佛菩薩。我常告訴學佛的青年朋友：「人貴自立」，可惜大多數都覺得這句話稀鬆平常，輕易放過，要知道啊！「人貴自立」，真正自立，就成佛了。

再說「定慧方便威神力，普能積集菩提力」，你學佛費了這麼多時間功夫，為什麼一直不能得定？為什麼智慧透發不出？——不懂方便之故。我常說你們常識不夠，學識不足，文字修養也不行，身心狀況又不太健康，並非在取笑你們，而是因為你們身心受到這些限制難以得定發慧，真為你們著急啊！畢竟智慧與定力的獲得，那非得要在千差萬別、林林總總的事相上去體會、磨鍊才行，這宇宙間的萬象萬物都有待你去溯本追源，摸索個淋漓透澈，如此考驗出來的定慧方才稱得上「威神力」。當然小乘法門自了漢式的戒定慧三學，能修得好也頗為難得，但是大乘菩薩道在這方面要能成就，則絕非只是退隱山林、閉門造車所能了得。所以下句接著說「普能積集菩提力」，大家想想看，要明心見性、開悟成佛，有那麼容易嗎？為求菩提道果所應累積的福智諸行，少一點都不成啊！大家天天誦唱「法門無量誓願學」，到底學了幾樣？又說「未生善法當令生，未盡惡業今使盡」，到底生了多少、盡了多少？我們想要大澈大悟，非得世世代代積功累德不行，說難並不難，說易也不易，這一切主要在於自己有沒有這份積集智慧功德之心，一分耕耘一分收穫，取巧不得。現在接唱下四句：

清淨一切善業力，摧滅一切煩惱力，
降伏一切諸魔力，圓滿普賢諸行力。
（同學們如法唱誦）

這四句和前面八句還是一路連貫下來，前後呼應，意思非常清楚，理上在你們都不是問題，只差事相的功行到或不到。心中這烏烟瘴氣的煩惱為何不能斷呢？貪瞋癡慢疑悔諸等業習，又為何在自己身上此起彼落、生生不息呢？很簡單——因為你的福德善行不足啊！像出家修行，若只是消極不敢為惡，未能積極奉行諸善，成就相當有限，直須抛開一己之私，普門偏入，廣積「善業之力」，才能「清淨一切」，使自己三業純粹清澈，使法界萬象空靈明淨，終而圓成無上菩提。像以前大陸鄉下，有些家宅受到邪魔或是狐狸精的侵擾，只要有正人君子一到，或說某某先生來了，這些搗蛋的鬼東西，少有不三十六計走為上策的。為什麼？一股光明正大、清淨莊嚴之氣，如光芒萬丈的太陽照臨，陰冷的幽暗豈有不銷聲匿跡之理。

那麼，善業之力既然能清淨一切的一切，自然也通於下列諸力：「摧滅一切煩惱力，降伏一切諸魔力，圓滿普賢諸行力」。修習普賢行願，這些大雄勇猛之力非得發揮出來不可，所謂「學佛乃大丈夫事，非帝王將相所能為」，帝王將相縱能創造一代豐功偉業，終不如修道人去一己之私，肝腦塗地為娑婆眾生謀解脫之計。真修行人面對世人的苦難，生起大慈大悲之心，湧起「眾生無邊誓願度」的大乘菩提之力，即此一力，便能「一超直入如來地」，這份蓋天蓋地的菩薩心腸，你我都有一片嘛！

要懇切發願，要真心投入，持咒觀想或唱誦時，這些句子的含義，身心意識都須全融進去，一句句，一字字，仔仔細細，隨著音聲清清楚楚透入己心。比如到了「定慧方便威神力」之「定」字，意識自然順此定去，或唱到「慧」字，心便明明了了體會這個「慧」境，以我前面多次講解「心氣合一」的唸誦法，氣隨意轉，一心一意隨這片誠篤恭敬之心唱去，聽去，渾然忘我，煩惱業障拋到九霄雲外，身體沒有了，妄念沒有了，就在一片聲光中，「了即業障本來空」，根本沒有人障礙你啊！你是自己的主人，你已完全與宇宙虛空合而為一，「我即虛空，虛空即我」，瀟灑自在，翩然安住於生命本然究竟處，還有什麼解脫不解脫的呢?!

這樣修法才有「力」，才能「得力」，那麼剛剛解說的這些「神通力」、「大乘力」、「功德力」、「大慈力」、「勝福力」、「智慧力」、「威神力」、「菩提力」、「善業力」、「摧滅煩惱力」、「降伏諸魔力」、「諸行力」等等，自然淵源流長、生生不已。比如當我們唱到「我昔所造諸惡業」這一偈，馬上感覺到這一生乃至過去生一切的是是非非、恩恩怨怨，都不重要了，也沒有什麼好埋怨的了，把缺憾還諸天地，只有一念寧靜的感動之心，這一下身心內外抖落多生累劫的塵屑，通體明澈，如淨琉璃，這就對了，這就不枉你我在此相聚一堂的苦心了。

像我以前在大陸廬山看到的一位活羅漢，大字不認識一個，冬天下雪積冰有一、兩尺厚，他老兄也不管天寒地凍，總是打著一雙光腳，腳皮紅紅的，在雪地中一站，不稍一會兒，該處的冰雪馬上溶化，凹出一個坑洞來。這位活羅漢平常住在一間廟裡，上殿時和大家一起上殿，課誦的文句背不來，他就合掌唱著「南無阿彌陀佛」，聽來好像跟到大家所唱的經偈一樣，根本不會令人覺得他妨礙了誰，而他也不覺得別人妨礙了他唸佛。你說這到底如何做到的呢？——這是因他已一開口唱唸，整個身心便進入「忘我」、「無我」的境界，與虛空合一，與眾生一體。諸位記取我多次強調的這種唱誦之法，以虔虔誠誠之心、清清明明之心、大慈大悲之心、統一和諧之心、了卻一切是非恩怨之心、渾然忘我之心、無著無依之心、死心塌地去，自自然然去，瀟瀟灑灑去，一絲不掛，如此又何愁不能與古德前賢同遊「涅槃路」呢？請再唱誦下幾句吧！

普能嚴淨諸剎海，解脫一切眾生海，
善能分別諸法海，能甚深入智慧海，
普能清淨諸行海，圓滿一切諸願海，
親近供養諸佛海，修行無倦經劫海。

（同學們如法唱誦）

這一段經文以「海」來象徵普賢行願的深廣浩大，難以限量。一提到海，大家應能當下生起那種寬闊無際、深不可測的龐偉意象。大海能容萬物，大海不宿死屍。活的東西它留，死的不管什麼，它一律給你浮上來，所以大海雖然總匯百川，無所不包，卻是相當乾淨的。學佛之人萬萬不可缺乏這種大海般的胸襟氣度，經云：「因地不真，果招紆曲」，諸位學佛，若是初發心之根本不夠真切透澈，不是為了利益一切眾生而求菩提，那麼要成就前面所講的「神通力」、「大乘力」、「善業力」、「大慈力」、「勝福力」、「智慧力」、「威神力」等等不思議功德，你說可能嗎？

所以跟隨佛學要發大願，起大勇猛精進心，如大海豁然磅礡，洋洋大觀，「普能嚴淨諸剎海」，以無比的魄力將自己的身心，裡裡外外洗滌得一乾二淨，身口意三業純淨無染，晴空萬里；甚至由一己身心之淨，擴展徧及三千大千世界、無量微塵世界，亦皆清澄通澈，萬德莊嚴。或許有人會說：題目這麼大，現在我做不來。也好，那你就先從自己日常生活的瑣事中下手，比如睡覺的牀鋪，將它整理得清清潔潔、井然有序，應該沒問題吧！許多生活上被輕忽的不良習慣，稍用點心也可以很快糾正過來，從此起修，慢慢擴而充之，由淺至深，由粗至細，鍥而不捨，如此，再深重的業識與習氣，並非不可轉變。

這是屬於事上漸修方面，在理上尚須當下配合慧觀，不管任何處所，乾淨也好，骯髒也好；不管任何境遇，清閒也好，混亂也好，一切本來清淨，順境不足喜，逆境又何悲，更以和光同塵故，喜而不喜，悲而不悲，隨順世情，不動本際，這便是大乘定慧力與方便力的表現了。

像最近這幾天，大家高高興興地要我做這做那，一下照相，一下更衣，然後一會兒站，一會兒坐，鎂光燈閃個不停，眼睛都要睜不開了，接著要我笑就笑，要我盤腿就盤腿，任你們的喜歡去擺佈，你說這是什麼呢？這就是我最好的清淨道場，一樣同你們高高興興地玩在一起，其實也可說等於入定去了，就這麼簡單自然，就這麼任運自在，誰都可以做到，而下手關鍵究竟在哪裡呢？前面一路下來的講解早已說盡了，大家不妨再參究一下。如果說你一定非得找個好環境才能修道成道，那麼這是環境的功德，你的作為又何足「道」哉！

佛法的目的就在解脫，不但自己解脫，也要一切眾生解脫。如何解脫？不必如此這般費那麼多的勁，當下便解脫了嘛！「即今放下即放下，欲待了時無了時」，說放下同時便放下。一個放下，一切放下，又有誰縛了你、解了你？這即做到「解脫一切眾生海」了。

再來，「善能分別諸法海，能甚深入智慧海」，一切法皆是佛法，善法惡法、正法邪法都要澈澈底底地弄清楚，緊要處在於「善能分別一切法，於第一義而不動」，不要一聽是邪魔外道之法，便嚇得全身顫抖、臉色蒼白，也不要修了老半天還不知道自己玩的是旁門左道。修行亟須審辨揀擇所修法門的智慧，腦筋清楚，不但魔法迷惑不了你，正法也不至於成了你的執著。若以為外道不對，不可學也不用知道，那是你小氣沒智慧，連外道那一套都無法洞察，還學個什麼佛呢？本師釋迦牟尼佛對一切外道的理論與實際是瞭若指掌的，正因為他看清各種似是而非的生命觀、宇宙觀，不為紛紜的萬法所迷惑，所以才配稱為佛——覺者。這便是智慧無上的成就，即是「能甚深入智慧海」。

然而智慧要修成，非得功德的圓滿與之配合不可，不但須澈底地諸惡莫作，更應纖毫不漏地眾善奉行，發大心，行大願，百千萬劫鍥而不捨，雖做種種利生事業，內心清淨毫無所著。所以接下來兩句提到「普能清淨諸行海，圓滿一切諸願海」，這又再次強調普賢行願的主題。大家看看，佛的婆心深切實在無以復加，處處設法為我們拈出學佛的真義，怕我們疏忽了這條成就究竟菩提的坦蕩大道，你們許多人總喜歡標榜自己走的是大乘佛法的路子，果真如此嗎？再來「親近供養諸佛海，修行無倦經劫海」，前面講「常隨佛學」一項已有說明，你們做到了嗎？（同學們答：沒有。）當然沒有。勇猛精進最需長遠心，即便歷盡滄桑，經過無量微塵的不可說劫數，此心不變，此願不變，下地獄也好，上天堂也好，貧賤也好，富貴也好，不變就是不變，這便稱得上「金剛菩提種」，貨真價實、如假包換的大乘行者。請再接誦下面經句：

三世一切諸如來，最勝菩提諸行願，
我皆供養圓滿修，以普賢行悟菩提。
（同學們如法唱誦）

學佛修行第一步要從普賢行願開始，三世一切諸佛之所以能夠成就佛果，全在圓滿了普賢行願。學佛者應該為了利益一切眾生而上求佛道，不要只為自己的重重煩惱而求解脫，不然表面宣稱學佛修道，堂皇得很，其實也還只是一種可憐的自私自利的心理而已。然而，如果真能大大地自私、大大地自利，那也好，因為大自私大自利的人，只有一個大我，我就是眾生，眾生就是我，表面上為自己修，實際上等於與一切眾生同修，不分彼此，這是普賢行願的修行境界，自己一人禮佛，心中同時呈現一切眾生在禮敬讚歎十方諸佛，此種心包太虛的胸襟，即是普賢。但是一般人大都只為自己的小私小利，或者只為與我較接近的親友而已，凡是對與自己有利害關係的人，就很懇切、很在意，如果是不相干的別人，便不大關心，不大用心，甚至隨隨便便地應付過去。如果學佛免不了這種世俗勢利的心態，雖然猛的用功打坐、拜佛，精進得不得了，只要無法檢點出這層細微的心理障礙，痛切改過，那麼很對不起，這個菩提道果鐵定是無法圓滿成熟的。

比如諸位在這裡好稱學佛，真正是為了利他而學嗎？仔細反省自己遇事的第一念、第一個反應看看，是不是保護自己的貪瞋癡慢疑等偏頗心理在作祟？退一萬步說，即便為了自利而修，那也不錯啊！真正做到自利，那也值得令人刮目相看了，像你們修行了這麼些年，能夠將自己照管得穩穩當當，自得其所嗎？還不是生活上一下那裡出了問題，一下這裡有了毛病，並且連如何處理善後的做法都捏拿不準，懵懵懂懂地，什麼事都要別人來護著，自己招呼自己都招呼不好，這不是很可憐嗎？

這裡再重複一次，學佛想證得「最勝菩提」，要看你的行願如何？這一點除了《華嚴經・普賢行願品》外，還可參照同經的《淨行品》來學，《淨行品》是入世而出世，出世而入世，二者互為輔弼，圓融無礙，所以此一念心的大願之發起，必須合乎「高高山頂立，深深海底行」的原則，以清淨無著之心、大公無私之心力行種種濟世利生事業，這就對了。否則只想唸佛唸咒、打坐修定，以此希求大澈大悟，門都沒有，唯有自誤而已。所以學佛要廣度眾生，自己家人，也是眾生，首先得做到不去苦惱他們，進而能悅樂他們再說，千萬不要逃避現實，貪圖安逸，以學佛修道之名來自欺欺人，切實記住「以普賢行悟菩提」這句教示，好好將整個身心活活潑潑、生生不息地振作起來，勇猛精進、歷久不衰地踏上這條成佛唯一的坦蕩大道。再唸下一段吧！

一切如來有長子，彼名號曰普賢尊，
我今迴向諸善根，願諸智行悉同彼。
（同學們如法唱誦）

「一切如來有長子，彼名號曰普賢尊」，在佛教的教理上，普賢與文殊是等妙二覺之菩薩。等是平等，即等覺之意，表示已達於與佛平等的境界，只是沒有坐上教主之位而已，另外妙覺其意亦同。等妙二覺乃是超過了十地以上的菩薩，也就是佛。比如此世界一國皇帝的長子，日後要接掌帝位的，稱皇太子，等妙二覺也有這麼個味道，因此又稱法王（佛）之子，曰法王子。普賢菩薩久遠劫來早已修到等妙二覺之位，故敬稱為普賢尊。我前面已經說過，普賢即普現，他無所不在，無所不生。普賢菩薩就在你那裡，甚至你本身就是普賢菩薩。《華嚴經》告訴我們，虔誠修習普賢行願，只要虔唸普賢聖號，普賢菩薩必然現前。現在大家用功修習準提法，只要修到某一程度，你要求普賢菩薩臨壇加持，他就會一下乘著他那隻大方闊步、威勢凜凜的六牙白象來了。

「我今迴向諸善根，願諸智行悉同彼」，迴向的觀念在佛教裡是個重要的課題，我以前也常提到這方面的道理。你們當中有人認為迴向就是回轉過來，雖然修行人將所有功德善業迴向某齋主或一切眾生，其實這些功德善業最後還是回歸到修行人自己身上，反之惡業亦同。這個說法大致可以，但還是僅止於理上的解釋。又有人說迴向就像現在流行的飛盤，用個方法丟出去後，它在空中飛行一下必又迴旋回來原處。這樣講算是不錯，比較生動切實些，然而仍屬比量之論。有位同學某次精誠專注唸誦《心經》，當他末了動念以此迴向給某位遭逢意外的道友時，竟看到一道光明從自己身上射出老遠，最後又迴旋掉落自己身上，感到非常奇怪。大家想想，對於迴向的道理，此例一舉不就有點不言而喻了嗎。

迴向二字，其理至深，若要詳述，答案也不僅止於上述一端，其中還牽涉到佛法許多形上與形下相關的問題，簡單而言，就是整個宇宙與生命的輪迴。輪迴說是三世，三世其實是同時，所以你一起心動念，一言一行，不管是善是惡，當下便是同等的報應。你大力拍桌一下，桌子已同時分毫不差地回敬你所拍之力，這是因果同時，因即是果，果即是因。在此希望諸位特別警惕，你我日常生活上種種貪瞋癡慢疑的表現，在第一個念頭、第一個動作出去之時，同時第一個得利或遭殃的就是自己。比如，你跟別人大發脾氣，別人尚未吃虧，你自己那種意識憤然，心神恍動，血壓升高，心臟跳動加速，氣息混亂澎湃的身心作用，早已大大地傷害了自己，何苦來哉?!

因此，迴向的意義也就是一念之間的果報。《易》有云：「無平不陂，無往不復。」平路走了一陣，再來必定是上坡或者下坡，上坡或下坡過了，接著又會有平坦之路出現，這種反反復復的現象是自然之理，如何出去的便如何回來，發善念則感善果，做惡事必得惡報，這之間的因果循環纖毫不爽，切莫將迴向變成佛法上的口頭禪，有口無心。迴向即是大布施，澈底布施，學佛者一天修行下來，或者一月一年一輩子，生生世世，所有修習的善行功德，悉數毫不保留地迴向給一切眾生，不求回報，甚至一切眾生的苦難全都轉到我身上來，無邊業苦一肩挑，學佛若能具備這麼大氣魄的迴向力，那不得了，當下便得成就，當下即是普賢，這是何等的慈悲與智慧呢！故曰：「我今迴向諸善根，願諸智行悉同彼。」請再接唱下面四句：

願身口意恒清淨，諸行剎土亦復然，

如是智慧號普賢，願成與彼皆同等。

（同學們如法唱誦）

四句偈的唱誦方法——軟修法門，要你們注意華嚴字母，唱時氣不要斷，也不准有花腔小調的聲音。現在你們聽聽王鳳嶠老師以京戲的唱法唱四句偈，主要是讓你們瞭解什麼是聲明，以及軟修法門的道理，和如何才能唱出安詳莊嚴，清淨的境界。（王老師唱一段《三國誌》中擊鼓罵曹的平劇）

佛教的梵唱完全是從崑曲演變過來，至於古代所說的魚山梵唱，是不是這個音呢？非常成問題。若要真正研究佛門真正清淨梵唱，京戲、崑曲、南管等都要瞭解，而且聲明更要通達，然後創造出一個絕對清淨，一開口就是梵音清淨，令人一聽妄想雜念就沒有了，有如此境界時，那這軟修法門的唱唸就功德無量了，諸位好好研究，不要輕視此軟修法門的方便力，同時要與華嚴字母的咒音配合研究，再以觀音法門的修法，回轉過來自己聽自己的聲音，達到「入流亡所」的境界，再進而「反聞聞自性，性成無上道」，一切感應就來，一切成就也來了，那悟道又有何難呢？就憑觀音法門就可以悟道，為什麼我連唱唸也要時時盯住你們呢？其理由即在此。

世界上的人都會講話，但沒有幾個聲音好的，你看許多人講話不是結結巴巴講不清楚，就是話一出就令人討厭，但有些人講話令人聽起來很舒服，或者非常莊重，或者非常有力量，這都是多生累世，口業清淨修來。現在李先生也來唱一首吧！（李先生提到達賴六世的詩句「若將此心移學道，即生成佛有何難」，所以他以唱情歌為他的修持法門。師示：普賢菩薩比你還多情，只要你以恭敬心情唱你的情歌，絕對有功德，你放心，普賢菩薩不會怪你的。李先生唱一首名為「追尋」的曲子。）

他唱這首還蠻有意義，就是要大家去追尋永遠的光明，我們要追尋永遠的光明在哪裡呢？所以《普賢行願品》的偈頌，大家要好好研究，如何去追尋唱出最清淨的梵音，「若將此心移學道，即生成佛有何難。」這要注意的，現在繼續講經文的偈頌。

「願身口意恒清淨，諸行剎土亦復然」，普賢菩薩的願力是學佛必須跨出的第一步，說是第一步，其實真跨得出，一下便達佛法的究竟處。普賢在哪裡？就在諸位的生命上現，看看你的眼睛是否流露慈悲喜捨的光輝，看看你的舉止是否時常散發莊嚴安詳的氣息，這便關係到當事者的身口意三業清淨與否，有幾分清淨便現幾分普賢。並且所謂清淨，乃是連這一念清淨之心都清淨，這便是佛的境界，身口意三業清淨，一切行為清淨，十法界所有的塵塵剎剎悉皆清淨。

西方極樂世界是阿彌陀佛及觀音、勢至等諸大菩薩的清淨願行所成，我們這個娑婆世界則是我們這一群眾生身心行為的業力所成，只因大家心不清淨，行止不平，故有高山、平原、川海、谷壑等差別現象。

今天下午吳老師曾經告訴我他羨慕大家能有此份福報，安然在這裡的禪堂用功辦道。這是世局諸種因緣機遇使然，留下台灣這片「淨土」，大家千萬要善加珍惜，好好把握時節因緣用功。還有這個禪堂也是一個剎土，不離因緣和合之理，其中一個大因緣便是從智法師一心要為佛教做點事的願力，幾年來一直堅持不變，他這一念心就是寶貴的普賢行，也構成了這個「禪堂剎土」。所以說一念一剎土，這是絕不虛妄的。

另外，有關學佛行善，須要以智慧為前導，這是我每次講演都強調的，智慧即般若，般若為諸佛之母，學佛的成就是智慧的成就，同一件事有智與無智分別做起來，差異很大，當然果報也成天壤之別。普賢說是普現，現個什麼？——智慧。這些早就談過很多，不再贅言。以上簡單說明「願身口意恒清淨，諸行剎土亦復然，如是智慧號普賢，願我與彼皆同等」，再來接讀下文：

我為徧淨普賢行，文殊師利諸大願，
滿彼事業盡無餘，未來際劫恒無倦。
（同學們如法唱誦）

「我為徧淨普賢行，文殊師利諸大願」，在佛教裡文殊與普賢是同等並稱的兩位等妙二覺大菩薩，文殊表智，乃七佛之師，一切智慧之師，而普賢則象徵智慧的實行。普賢菩薩在《華嚴經》裡有現在我們唸誦的十大行願，文殊菩薩在《大寶積經》和《大乘瑜伽金剛性海曼殊室利千臂千鉢大教王經》也有崇高偉大的十大行願。大家想要打好大乘道的基礎——普賢行願，非得修學般若智慧不可，這就要將普賢與文殊兩位菩薩的深妙法門一體同修了。

「滿彼事業盡無餘，未來際劫恒無倦」，上一句的「彼」字指的就是文殊與普賢，學佛要得究竟成就，先須將他們兩位前輩種種禮佛讚佛與濟世利生的事業圓滿完成，圓滿了文殊與普賢的事業，亦即圓滿了自己在佛道上的修行，說得乾脆一點，不管是一開始或者到頭來，文殊、普賢就是我們自己，願力的發起與智慧的觀照缺一不可。

大家到這裡來，一開始我便希望每個人由普賢行修起，所以常常半開玩笑地說：只怕你不成佛，不怕你沒眾生度。我們現在唯一的事業是成佛度眾生，既然出家學佛，這個志向乃是本願，為什麼不好好地將它澈澈底底地貫徹到底、實現到底呢？不然認清自己的動機意願，知道自己心不在此，乾脆收拾行李回家睡睡大覺、看看電視，不再自欺欺人，那也很好。也許你會說：這些我是已經在修在做了啊！那麼，請問你百分之百盡心盡力了嗎？是否有時生起疲倦之感？學佛一事的標準是要做到「盡無餘」和「恒無倦」，事無大小，一切的一切圓滿成就，絕無遺漏；三際平等，無窮的未來如同目前，永不疲厭。虛空有盡，我願無窮，即此堅固一念，天長地久，海誓山盟，生生世世投注身心性命，毫不保留，這樣才是奉行《普賢行願品》的真行者，才是真普賢。請再接唱下四句：

我所修行無有量，獲得無量諸功德，
安住無量諸行中，了達一切神通力。

（同學們如法唱誦）

所謂修行，其實就是澈底修正自己的心性行為，由裡至外，鉅細靡遺，完全加以確確實實的檢點與改善，此即是做為一個修行人至死不渝的生命主題，必須永遠追求達成的生命事業。佛法無量無邊，修行人的學佛事業也無量無邊，大家想要做點好事，但須知道善行永無止境，若是平常做了一點，甚至不少，便自以為善行累積很多，不得了，這麼想法就未免顯得小氣了。

學佛者最寶貴的就是心量無限寬闊，容得下天地萬物，作人處事皆以利益他人為出發點，即便做了一輩子的善事，此亦義所應為，理當如此，豈足掛齒，覺得有什麼大不了的呢？人活著就是要為別人好，難道你是出生來幹壞事，惹人討厭的嗎？或者是來當個飯桶，無所事事，一點利益他人之事都沒有？

請大家千萬謹記，「我所修行無有量」，修行是修無量行，此乃千秋萬世的生命事業，所要達到的是「獲得無量諸功德」。所謂「獲得無量諸功德」，諸位特別注意別會錯意，要點在於「無量」兩字，功德是無量的，不可限量，無所執著，有些人喜歡問我：「你做了很多功德？」我說：「我什麼功德都沒有。」功德無量，豈有功德？若有功德，即有限量，不合佛法功德真義。

還有功德無量也包含絕不偏頗之意，佛法中善行的對象上是怨親平等的，不因你對我不好而不利益於你，不因你跟我關係殊勝而特別利益於你，心之根本所擁有的只是一派完完全全利益一切有情的願行，有時為了和光同塵與眾生方便，亦能自然示現親疏與好惡的差別相。只要你真正慈悲喜捨，處處利他，配合智慧方便，那麼，讚人愛人是道，罵人打人也是道，行善做惡皆是道。孩子犯錯，父母視因緣需要打孩子，你說父母慈悲不慈悲？學生懵懂，老師依教育原理罵學生，你說老師所為是不是惡行？打罵並非不可，但須智慧駕馭，若是打時罵時動了惡念瞋念，或是根本以惡念瞋念為之，那就與愛心大大背道而馳。另外，如果說這個傢伙很可愛，所以我凡事對他好，儘量幫助他，這並不是真慈悲，因為出發點在於自己的喜好，表面為了別人，其實為的是自己，還是自私自利，這絕稱不上菩薩道的。

菩薩道是完全沒有條件的，對你好就對你好，此乃生命本然，天經地義，不需什麼前提。善事一做便過去了、忘了，沒事啦，若還要掛記著「我曾給他好處」，念念不忘，那真自生煩惱，露出自私自利的尾巴，再也無法「安住無量諸行中」了，又如何能真正「了達一切神通力」，證到三世諸佛菩薩無量無邊的大神通境界呢？談到神通，前面「速疾周徧神通力」，我已稍作說明。不要誤認得個千里眼、順風耳，能夠聽聞遠地的事物，或者了知宿世因果，靜坐飛昇，這些才是神通，那便因小失大，得不償失。現在大家最好奇的種種超能力，還只是小神通而已，真正大神通要向佛和大菩薩們看齊，並且，一個人能夠少私少欲，天天煮飯擔柴或做其他事務，服務他人，這即是難能可貴的大神通。老實說，生命本身正是一個大神通藏，心跳是神通，呼吸是神通，揚眉瞬目皆是神通。佛菩薩有多大的神通智慧，一切眾生也有多大的神通智慧。學佛為的是窮究這生命大神通藏的究竟奧祕，將它弄個清楚透澈，不為任何生命的神通現象所迷惑，若不如此，而以小神小通為尚，樂而不疲，那不就太沒出息了嗎？下面四句請再以虔敬投注之心唱誦：

文殊師利勇猛智，普賢慧行亦復然，
我今迴向諸善根，隨彼一切常修學。
（同學們如法唱誦）

剛才我們談到文殊與普賢兩位菩薩的法門要一體同修，普賢行願中自然涵攝了文殊師利的絕等智慧，文殊師利的絕等智慧也自然涵攝了慈悲喜捨的普賢行願。什麼叫作菩薩——菩提薩埵？菩薩是覺悟，薩埵為有情，中文意即覺悟有情。大澈大悟的菩薩最多情了，多情即佛心，能夠慈悲萬物不是壞事吧！甚至多欲也不一定是壞事。你們想不想當皇帝？武則天雖是女的，卻當上了。你皇帝都不想當，還想成佛嗎？成佛的欲望比想當皇帝，其大小的差距簡直不可以道里計。多欲沒關係，只要你轉得過來，用在利益天下蒼生的事業，大家做得到嗎？做得到方夠資格學佛。若不如此，學佛只求家人平安，自己事業順利，或者身體健康，長命百歲，耳聰目明，牙痛不痛，晚上睡得著覺，那簡直是太小里小氣了，婆婆媽媽地求這些蠅頭小利，真不夠意思。

作人要作大丈夫，學佛要學文殊、普賢，一上來便是泱泱大度，氣象萬千，發大願行，生大智慧，凡事以別人的利益為緊要，處處為別人好；臨境覺照清明，灑脫自在，不依不著，不但洞察事情本末，知曉因應處理之道，並且果斷能行，這便是「文殊師利勇猛智，普賢慧行亦復然」。智慧具有光明犀利的特質，一清二楚，直截了當，所以佛說《金剛般若波羅蜜》，般若智慧猶如金剛，說斷就斷，絕不含糊，這是勇猛決斷之智，不是作繭自縛的小聰明。比如說，如何學佛呢？——提得起，放得下。這是金剛般若，「文殊師利勇猛智」。這兩句話學佛人都會講，哪一個做到呢？像你們兩腿盤了這麼久，都發麻發脹了，很不好受，說要放下，不麻不脹，行嗎？或者麻歸麻，脹歸脹，老子就是無所謂，能嗎？說提起就提起，說放下就放下，提起放下任運自在，這是大丈夫、大英雄，也是學佛人的真本色。

諸位以為佛法在哪裡？佛法就在你我的日常生活裡，一切現成，待人處事，無一不合乎慈悲喜捨，遇事臨境自自然然無著無依，這樣便是菩薩行，健康明朗，雍容大度，將幸福快樂帶到人間的每一個角落。千萬不要一接觸佛法，愈學愈放不開，愈學愈提不起，忸忸怩怩，缺乏信心，說什麼：唉呀！我不行，還沒有修好，等我修好了再來。等你修好了，我早就完蛋了，我需要你現在救我，助我一臂之力。你做得到嗎？

「文殊師利勇猛智」，智慧是需要勇氣與魄力的，但「勇猛」並非兇霸，並非野蠻，你說：老子就三天三夜不吃不睡，坐在這裡，非入定不可。這種傻勁有點可愛，卻是蠻幹，沒有智慧配合，不是辦法。

我們本師釋迦牟尼佛，看清如何追尋生命的出路，毅然決然拋棄王位不幹，出家精進修行，這是一種不世出的大勇猛智。我們平常做事有此等精確的魄力嗎？比如有人掉了十塊錢，找了三天，晚上睡覺都還魂縈夢牽，也有人被隨口罵了一句，一輩子刻骨銘心，難以釋懷，這是何等的癡心啊！

我小時候有一回媽媽在煮菜，一看醬油沒了，便叫我至鄰近店裡舀一碗回來。我第一次去買醬油，覺得很神氣，舀好醬油後，怕它濺倒出來，因此很在意地邊走邊看著手上的碗，結果愈看愈搖，愈搖愈看，走到半路，端碗端得太緊，一下砰的一聲，整碗醬油都打翻了，惹得街上的鄰人指指點點，笑我連碗醬油都端不好。可是我頭都沒有低，地上的醬油也不看一眼，又跑回家，重新拿了一個碗再去舀。這回我懂了，端到醬油，看都不看，倒不倒都不放在心上，一路很快就走回家了，事情就是這樣，你越在意，越加造作，往往就越難穩定，越不平衡，對於這一點，練過武的人應該能體會個中三昧，靜坐也是一樣，後來有人問我：「你那碗打掉了，為什麼頭都不低，看都不看一下呢？」我說：「都已經掉在地上了，再去看它幹嘛?!」平常我們若是打翻一瓶醬油，大概要在那裡看個半天，一直感到可惜，然後去撿那瓶子，摸摸醬油，卻又怕手弄髒了，往身上一擦，反而將油跡沾上衣服，氣得心裡、口裡直罵該死。這不是很笨嗎？破了就破了，盯在那裡自怨自艾，何苦啊！

「我今迴向諸善根，隨彼一切常修學」，這兩句意思很清楚，不再多講。不過「迴向」一辭，除了前面曾有的解釋外，還有一種回轉來反省自己的意思。反省即是一種智慧的表現，深入清澈的反省，更是生起大智慧的先決條件。作人要學壞、作踐自己很容易，好的言行要培養成功卻相當難，惡業易就，善果難成，有人就是想做好事，卻因缺乏智慧，弄巧成拙，無形中反而造了惡業的。所以善根成就，須以智慧為前導，依止般若正觀，這便得向文殊、普賢二老看齊了。請大家收攝身心、虔誠專注再誦唸下八句：

三世諸佛所稱歎，如是最勝諸大願，
我今迴向諸善根，為得普賢殊勝行，
願我臨欲命終時，盡除一切諸障礙，
面見彼佛阿彌陀，即得往生安樂剎。

（同學們如法唱誦）

「迴向諸善根」，此乃三世諸佛所同共稱揚讚歎，一切所想所行皆是為了利益一切眾生，這是諸佛菩薩所教示的「最勝諸大願」，此一目標與志向，正是學佛行者，終生致力，世世投入的生命事業，所以說「三世諸佛所稱歎，如是最勝諸大願，我今迴向諸善根，為得普賢殊勝行」。

那麼，這利益法界一切眾生的善根因緣，終將歸向何方呢？——阿彌陀佛極樂淨土。就廣義言，普賢行願終究所成就的是一個圓融十法界，至真至善至美的佛國淨土，西方阿彌陀佛的國度可為代表；就狹義言，我們這一輩子學佛，修習普賢願行，可發願至臨終時，沒有任何障難，痛痛快快地死，安安心心地死，像有些阿羅漢一樣，「我生已盡，梵行已立，所作已辦，不受後有」，了無遺憾，無憂無懼，於一念頃，往生淨土，暫時請假不來這個世界。

比如濟公和尚，今年要走，他有位供養他幾十年的徒弟並不知道，在前一年請他寫一幅字，濟公不肯，後來要分手時，才寫了一首詩給他：

五月西湖涼似秋　新荷吐蕊暗香浮
明年花落人何在　把酒問花花點頭

五月的西湖雖是夏天，卻涼快如秋，湖中荷花徧開，香氣四溢，然而明年秋天荷花謝時，寫詩的人又到哪裡去了呢？「把酒問花花點頭」，這一句頗有一切盡在不言中之意，並且聞不到任何哀傷失意的氣息。濟公寫完，筆一丟，第二年真的就圓寂了。古來多少祖師生來死去，說走就走，拋掉這具骨頭，好像丟棄一把泥沙一樣，毫無任何掛礙，也沒什麼障難，從心所欲，自由來去，何等洒脫自在！這便是「願我臨欲命終時，盡除一切諸障礙，面見彼佛阿彌陀，即得往生安樂剎」。後面再接唱下去：

我既往生彼國已，現前成就此大願，
一切圓滿盡無餘，利樂一切眾生界。

（同學們如法唱誦）

我曾說過，阿彌陀佛不只一位，阿彌陀佛中譯為無量光，意即一片無限純淨的光明境界，往生阿彌陀佛國土，生是必定生，往不一定往，不來也不往，就在這裡，即此一心，無量光，無量壽，清淨圓明了不可得，便是阿彌陀佛極樂世界。再說，到西方極樂世界後便一了百了了嗎？——不是。到那裡是去留學，進修佛法，完成普賢願行，普度一切眾生。《普賢行願品》這裡便寫得明明白白：「我既往生彼國已，現前成就此大願，一切圓滿盡無餘，利樂一切眾生界」。

學佛未成佛前要度眾生，成了佛還是要度眾生，自始至終沒有第二念，只是要將一切利樂歸於別人身上，所以佛可說是社會真正的大福利專家。最苦難的時代，最苦難的地方，正是諸佛菩薩與所有學佛行者，布施身心、耳目、骨髓的最佳場所，要修普賢行，就得往這個火坑跳。什麼是佛境界？——眾生得到喜樂便是佛境界。大家須要抱定一個主義，以大智慧，清楚自己自私自利的小心眼；以大智慧，善觀因緣，盡心盡力如法利益別人。下面經句再順著唱下去：

彼佛眾會咸清淨，我時於勝蓮華生，
親覩如來無量光，現前授我菩提記。
（同學們如法唱誦）

在西方極樂世界的佛境界裡，「彼佛眾會咸清淨，我時於勝蓮華生」，所以要往生西方極樂世界，就必須念念清淨。我問你們清淨從哪裡來？從不清淨裡頭來，因為有一個不清淨，所以來求一個清淨。假如一切都是清淨，還要求清淨嗎？因此佛教以蓮花來作標誌。蓮花是出於淤泥，乾淨的地方是沒有出蓮花，淤泥愈污髒愈臭得不得了，蓮花開得愈茂盛，而且愈清香無比。

蓮花有五德，如花果同時，我們知道世界上有些植物是先開花後結果，有些是先結果後開花，只有蓮花是花果同時。花一開，裡頭就有蓮子，蓮子就是果，這是第一個問題——為什麼蓮花是花果同時呢？第二個問題：據說往生西方極樂世界的人，不經過娘胎，都是蓮花化生，蓮花花苞一開，就跳出一個我來。你說奇不奇妙？

這個世界上的人是人生的，而且是女人生的，是向下走倒轉來生的，欲界天有的天人是男人生的，向上走由肩上、頭上裂開生的，所以欲界中都離不開兩性的關係，只有極樂世界是蓮花化生。密教的教主——蓮花生大士，他也是蓮花化生，因這種方式生，所以說他永遠都是十八歲少年相，永遠如此十八歲的童子相。為什麼往生極樂世界會蓮花化生呢？我所教你們的修法中，已經教你們將來怎麼樣蓮花化生，你們懂了沒有？（同學們答：觀想。）對，觀想。你把心中心月輪觀好，明點觀好，一切妄想雜念沒有了，專一了以後，臨命終時，這一念就是了，所以修意生身的成就就是這一念起修，所以不須經過父母，也不要經過娘胎而生。我經常說：我來生若再來，就是怕投胎，真麻煩；像圓山飯店住一天的旅館費，最貴也不到一萬塊錢，而我們住了十個月娘胎旅館，一輩子的帳都還不掉。有一位美國學生來電，說我母親快到一百歲了，前幾個月生病，很嚴重，非常想念我，而現在病已好了，他們接到這個消息，馬上打電話給我，為的是讓我知道情況。你看，這就是十個月旅館的帳，多痛苦，多麻煩，而且路途又遙遠，兩地國情又不同，無能為力，但是如果自己修成意生之身，人欠欠人都沒有，那該有多好！

所以一念專精，你就可以蓮花化生，心月輪中這一念清淨觀好，定好，他生來世都是這個蓮花化生，所以往生極樂世界是以「勝蓮華生」。蓮花五德之一是根藕相連，其他植物都有根，但都是散開的，蓮花的根是藕，也是果，所以花果同時，根果也相連，我們學佛要學蓮花，第一因好，第一念好，最後就是好；也就是說動機對了，善果就對，所以蓮花的根就是果，果就是根，來因就是去果，去果就是來因，因此佛法就如同蓮花的道理一樣。現在修法，教你們觀蓮花，心眼明亮，一念清清楚楚，所以臨命終時，修準提法往生西方極樂世界，念頭都不要動，就往生了，不往而生。不生，要再來人中，再來就再來，能入胎不迷，住胎不迷，乃至出胎不迷，看你的定力如何，都不迷才是定力。不是打坐起來，什麼都不想，清清淨淨，那是細昏沉，況且你那一點靈靈明明還保持不了，但你只要明了理，懂得這個，要來個昏沉大定，或者大睡一覺，那也可以啊！

「彼佛眾會咸清淨，我時於勝蓮華生」，本來就清淨，清淨本身就是蓮花，沒有另外的蓮花，蓮花代表清淨，是出淤泥而不染，清淨以外再沒有一個清淨。「我時於勝蓮華生」，「勝蓮華」，不是普通的蓮花，是清淨的境界，只要你一念清淨，心中的蓮花就開了，自心就開了。我們身體上有好幾處蓮花，頂輪三十二瓣是趴著的蓮花，喉輪十六瓣是仰起來的蓮花，心輪八瓣是趴著的蓮花，臍輪六十四瓣乃至女性子宮部分，男性丹田部分都是仰著的蓮花，而且都是花果同時的，根葉花枝都如一的，所以你本身就是蓮花。

阿彌陀佛就是無量光，普賢行願修成就了，往生西方極樂世界，就可以不往而生了，何必往呢？「不移一步到西天，端坐西方在目前」，所以到這個時候，就可以「親覲如來無量光，現前授我菩提記」，阿彌陀佛無量光，自然給你授記，而自性光明也知道了，這就是佛境界。

蒙彼如來授記已，化身無量百俱胝，
智力廣大徧十方，普利一切眾生界。
乃至虛空世界盡，眾生及業煩惱盡，
如是一切無盡時，我願究竟恒無盡。

阿彌陀佛授記，印證以後，我們自己所修成就的普賢願力，就可以化身百千萬億的無數。人能不能化身呢？當然可以，譬如男女兩人結婚後，會生孩子，就是自己的化身，但這是有形的，假如我們普賢行願修成就了，就不須經過男女兩性，本身這一念就化開了，要生一萬個我都可以，所以化身百千萬億是靠定力、智力、願力而成就的。

「智力廣大徧十方，普利一切眾生界」，成了佛最後還是要回轉來普利一切眾生的，你以為成了佛就不來，入涅槃去，逃避現實，那還叫佛嗎？《楞伽經》云：「無有涅槃佛，無有佛涅槃。」所以說學佛的人要發大願。

「乃至虛空世界盡，眾生及業煩惱盡，如是一切無盡時，我願究竟恒無盡」，這是學佛作菩薩人的願力，要有這個心念，才夠得上學佛。成就了化身百千萬億，徧滿十方，普利一切眾生界，乃至虛空世界有盡，眾生以及業力和煩惱有盡，我的願力亦如是徧滿，反過來說，虛空世界乃至煩惱無有盡時，我們學佛的心同願力比它還要大——「我願究竟恒無盡」。所以說佛是永遠再來的，永遠徧滿十方無邊剎土的。這就是學佛的真精神。你們不論在家或出家，學佛為的是什麼？總不是逃避現實吧！所以曹洞宗祖師洞山禪師有一首偈頌：

淨洗濃妝為阿誰　子規聲裡勸人歸
百花落盡啼無盡　更向亂峰深處啼

現在你們剃了頭髮，出家為僧，既不擦口紅，又不施脂粉，「淨洗濃妝為阿誰」，為了什麼？「子規聲裡勸人歸」，出家菩薩做的行為，所以菩薩的境界是「百花落盡啼無盡，更向亂峰深處啼」。因此菩薩道是「高高山頂立，深深海底行」，標榜陳義雖很高，行為則是走最低層起的，最苦的地方我來，那才是菩薩道。所以要搞清楚，見地要正確，學佛的第一步——普賢行願品，你行願都沒有發起，還談什麼修行？現在你們以讚歎的功德來唱誦這八句偈頌，唱時觀好心中的準提佛母像及心月輪，要很自然的唱誦，才是正修法門。（同學們如法唱誦）

你們有沒有動動腦筋來參究，為何於此準提修持法會中，我要講《普賢行願品》，每一偈頌都有它的意義，不要光聽，要用心，要正思惟。由禮敬諸佛的行願起，講到上次為止，把所有普賢行願的功德，最後回歸極樂淨土，見阿彌陀佛授記，成就了再回轉來廣度一切眾生，這是把淨土的真正意願及修行的道理，都告訴了我們。下面又是另一段的開始。

十方所有無邊剎，莊嚴眾寶供如來，
最勝安樂施天人，經一切剎微塵劫。

有些人的願力、智慧不是走普賢行願的路線，雖然修法不同，也是同普賢行願一樣，先修供養。下對上而言是供養，反之上對下就是布施。「十方所有無邊剎，莊嚴眾寶供如來」，先要供養佛，譬如現在佛桌上擺了兩個曼達拉，這是梵文的譯音曼達拉，四個圈圈代表這個娑婆世界的四大部洲，南贍部洲、東勝神洲、西牛賀洲、北俱盧洲，頂上這個尖尖代表須彌山。拿米平滿放於四個圈圈裡面，或其他別的東西也可以，由於這個世界維持生命的主要食品是米同麵粉，所以以米來代表，並且觀想有四大部洲那麼多，來供養佛，供養一切眾生，這是曼達拉的意義，所以端上來是以這種心情來供養，不是擺樣子好看的。佛前供的燈是代表十方無盡光明、世間燈、出世間燈、心燈等等都在這裡。心燈代表智慧，使這佛法的智慧光明，永遠都不要熄掉。尤其你們出家的責任，更要挑起，荷擔如來的大法，使這個心燈永遠不滅，同時我們自己的心燈也不能熄掉。其他的供品如香、花、燈、水、果、茶、食、寶、珠、衣等，一切都有它代表的意義，懂了這些意義，端上來供養，則是無比的莊嚴。

「十方所有無邊剎，莊嚴眾寶供如來」，一個真正學佛的人，心量胸襟要放大，不只對這個世界，要像四大部洲，須彌山那麼多，要以十方世界乃至所有無邊剎土，以一切最莊嚴的寶貝，統統拿來供養佛。隨時都以這樣的心念來供養十方三世一切諸佛，譬如我現在有一顆好的糖，未吃以前，先要供養十方三世諸佛，並且把這顆糖觀想變化成無量無邊無數，徧滿十方所有無邊剎土都有這顆好吃的糖，以此來供養十方所有無邊剎塵佛及一切眾生，能以這個信念來修行，才真叫修行。

「最勝安樂施天人，經一切剎微塵劫」，我常告訴你們，修準提法同時要參究《顯密圓通成佛心要》，你們看了沒有？這本書中都載有施食以及如何供養天人、神仙的修法，早晨是供養天人，晚上是施食鬼道眾生。有好的飲食，未食以前，也可以供養布施，這個道理你們曉得了，祭祖拜神你就知道如何做了。所以不但要供養佛，也要供養天人，供養一切善知識，乃至土地公，為什麼呢？因為他比你高明，就算你出了家，將來死了，能不下地獄而作個土地公已經不錯了，如果你戒律守得好，能生往欲界天，四天王天也不錯了，比人的階級高多了。至於想生往色界諸天，那你不要談了，你的功德不但要具足，也要配合四禪定來修的，雖然十善業道的功德是天人境界的修法，但諸佛菩薩也是以此為基礎。因此說，除了供養佛以外，也要「最勝安樂施天人」，但安樂什麼呢？譬如有人生病，給他藥吃，病好了，就是使他得安樂，或者有好吃的東西有營養，給他吃了覺得舒服，也是使他得安樂，或者一曲很好的音樂，聽了使人心氣平和，也是供養，也是布施。乃至有人心情不好，你唱首好歌，令他聽了，心情開朗了，也是供養呀！所以無一不是供養，無一不是布施，以此而修供養、修布施法，也是學佛的第一步。

「經一切剎微塵劫」，不論你在台灣或任何地方施食，總不能說只施給那個地方的鬼而已，大陸的鬼更需要，那麼多年冤死在共產制度之下的餓鬼更多，所以世界上各個地方都有鬼道眾生。你別認為這世界上看起來那麼富有，其實餓死的人以及貧窮的人，還多的很呢！甚至那些有錢、有地位的人，生了病或最後要死時，一點東西都餵不下去，這已經是餓鬼道境界了，像這樣你能夠一一布施令他們得到安樂嗎？所以大家施食時要有此等法食徧施的廣大心量，無時無處都在供養布施，由一個剎土擴充到一切剎土，由此時此刻延展到無窮的未來，如此修行才有圓滿的可能。下面四句再接唱下去：

若人於此勝願王，一經於耳能生信，
求勝菩提心渴仰，獲勝功德過於彼。
（同學們如法唱誦）

供養與布施，《普賢行願品》一路下來已經講了很多，像這麼大方澈底的菩薩行履，世上有幾個呢?!一百萬乃至一億個學佛者當中要找出一個，恐怕也不太容易吧！有人說我學佛，我說不是，我沒有資格。學佛的可貴就在發起普賢願行。真發起了，頓超過你我日常所修零零碎碎的善法功德，乃至供養十方佛及布施天人等功德，所以在佛法中被尊為「勝願王」。其他佛菩薩，比如阿彌陀佛有四十八願，藥師佛有十二大願，文殊菩薩也有十大願，為什麼普賢菩薩的才稱為「勝願王」呢?這個大家就要好好的參一參了！

「一經於耳能生信」，能夠聽聞《普賢行願品》功德已是莫大，若能如實生信，進而「求勝菩提心渴仰」，那才合於一個學佛者的本分。比如在沙漠中口乾了，想求一杯水喝；遭逢飢荒，肚子餓了，想求一口飯吃；這是「渴仰」迫切之情，對於無上菩提，大家也有此等迫切的需要嗎？

現在大家專修準提法，是否擁有一顆熱切渴仰的心在修呢？是否時間坐久了，唸多了，反而心煩氣躁，希望早點結束呢？學佛的動機不懇切，願力的發起不真實，那麼所謂學佛修道，也只不過是滿口荒唐之言，莫名其妙的一場戲論而已。真正的渴仰之心，必能起真正長遠勇猛精進的願行。所以修行要證得菩提是要發大願，而這願力之心是渴仰之心。

「獲勝功德過於彼」，如上所言，若有人於普賢行願的修持理路弄清楚了，也信得過了，然後起而行之，依教奉行，那麼，這個的功德比那個修供養十方諸佛以及「最勝安樂施天人」而「經一切剎微塵劫」修行的功德還要大。那好了，你若執著這句話「獲勝功德過於彼」，然後只想天天坐在家裡誦唸《普賢行願品》，希求功德，不能確實起而行之，那麼這是一種貪便宜心理，要不得。禪宗祖師罵人「偷心未死」，此即其一。

上段經文講學佛的人必須先修供養和布施，這裡是強調修普賢行願的功德力量之大，所以大家要痛切反省，能有這麼一個安和的環境進修，這是多大的福氣啊！等於天天在受人天供養，應該仔細想想作人活到現在，濟世利人之事到底做了幾件？比如今天我拿一萬塊錢給你，讓你晚上去做件好事，你就不一定做得圓滿。當然你可以隨便找個人布施出去，但卻不一定能夠善加發揮這一筆錢而有正面的功德，甚至嚴重的話，還有可能適得其反。有人一聽要做善事，真有不知從何處下手之感。人活在世上，能夠遇到做好事的機會，而又做得圓圓滿滿恰到好處，這是何等的福報與智慧呢！所以修行真要注意啊！再來八句順著讚歎下去：

即常遠離惡知識，永離一切諸惡道，
速見如來無量光，具此普賢最勝願，
此人善得勝壽命，此人善來人中生，
此人不久當成就，如彼普賢菩薩行。

（同學們如法唱誦）

《普賢行願品》講到此處，又轉入另一層面，主要的內涵在經文中已明明白白點出一個龐偉的輪廓，大家應能由此得到一個刻骨銘心的意象，對於佛法的基本信念，認識透澈，把持得住，那麼在修行過程中便「即常遠離惡知識，永離一切諸惡道」，生生世世學佛永遠離開惡知識，這也說明善知識難遇，所以說：「人身難得，中土難生，明師難遇，佛法難聞。」但惡知識你又如何去識別呢？如果他不殺不盜，也不教你如何去做，並且鼓勵你修學佛法，口中講的更是引經據典，處處合乎正法之理，最後卻在你不知不覺中把你帶壞了，又要怎麼辨呢？遠離惡知識並不容易，須實修普賢行才行，即便是遇到了，也是你去轉他，而非他來轉你。同樣你若想今生來世永遇善知識，也須修普賢願行。所以於此普賢大道行持，也就「永離一切諸惡道」。功行圓滿了，又回歸極樂淨土，「速見如來無量光，具此普賢最勝願。」成就了依然又行普賢行，「我願究竟恒無盡」。

修學普賢願行，若是此生沒能成就，也未往生西方極樂，那麼這個人來生則獲良好的條件，比如身體特別健康或具大善根等。由於有修普賢行的種性在，所以一投胎再來人間修行，也就很快能順利成就，這是「此人善得勝壽命，此人善來人中生，此人不久當成就」的意思。「如彼普賢菩薩行」，若澈底實踐普賢菩薩的大願大行呢？下段經文是同一個意義，說明修普賢行願是趣大乘道的一條正修行之路，大家繼續唱誦，唱時每一字每一句，要於心中真體會進去，能如此唱誦才有功德，否則就沒有用，只成了一種音樂而已。

往昔由無智慧力，所造極惡五無間，
誦此普賢大願王，一念速疾皆消滅，
族姓種類及容色，相好智慧咸圓滿，
諸魔外道不能摧，堪為三界所應供，
速詣菩提大樹王，坐已降伏諸魔眾，
成等正覺轉法輪，普利一切諸含識。

（同學們如法唱誦）

「往昔由無智慧力，所造極惡五無間」，你看修普賢行願的威神力之大，假如過去生由於沒有智慧，造作極惡永不超生的五無間的地獄罪業，「誦此普賢大願王」，經常能夠去思惟體會，並起而行之，那麼，「一念速疾皆消滅」，你過去的重罪，都可以在你一念普賢清淨海中，洗滌轉化了，所以他生來世再到人中轉身，「族姓種類及容色，相好智慧咸圓滿，諸魔外道不能摧，堪為三界所應供」，所生常居勝族，相好莊嚴，智慧又高，常能獲得通達宇宙究竟之智，破除一切罪障，所以一切外道心魔、外魔、一切魔，都被他所摧伏了，又有普賢願王之功德，因而堪為一切眾生廣大福田。

「速詣菩提大樹王，坐已降伏諸魔眾，成等正覺轉法輪，普利一切諸含識」，所以普賢行願成就了，如同佛成道一樣，很快的安坐菩提道場，降伏魔道，證道成佛了，又再回轉來普利一切眾生界，所以說「多情乃佛心」。下面的偈頌大家以虔虔誠誠的心把它全部誦完：

若人於此普賢願，讀誦受持及演說，
果報唯佛能證知，決定獲勝菩提道，
若人誦此普賢願，我說少分之善根，
一念一切悉皆圓，成就眾生清淨願，
我此普賢殊勝行，無邊勝福皆迴向，
普願沈溺諸眾生，速往無量光佛剎。

（同學們如法唱誦）

這些修學普賢願行的種種功德，數不勝數，一言難盡，而關鍵就在「一念一切悉皆圓」。這一念普賢願心一起一行，何等的偉大！一切的佛法全被收羅在裡面，這麼一下就入了圓融無礙的華嚴大海，就成就了。所以普賢行願的殊勝功德乃至果報，也唯有在佛的境界才能知道得清楚。

從開始到現在，《普賢行願品》偈頌的內義說了這麼多，你們也跟著聽了這麼多，誦了這麼多，到底生出了幾個普賢呢？大家快啊！快啊！快快修行啊！快往無量光佛土啊！無量光是阿彌陀，是一切如來之光，也是一切眾生自性的光明。所以希望大家應把修學普賢願行的所有功德，和殊勝福報，一同迴向給過去、現在、未來法界一切沉溺在六道輪迴中的無數無量眾生，使他們都能得到究竟解脫，速速往生阿彌陀佛無量光國土。

（吉祥圓滿）

附：心聞洞十方，當然獲圓通

記錄：東西精華協會禪學中心禪修記錄小組

南師懷瑾先生於民國七十四年（一九八五年）元月廿九日
對參加準提法會同修講述

1

這次的修法，你們自動要求共修準提法四十九天，昨天期滿。這是給你們大家初步發心修法的經驗。也可以說是一種修持佛法漸修法門的實驗。在這四十九天當中，你們大家都很有成績。所謂成績就是把準提咒唸滿十萬遍左右，也許有些人多一點，有些人少一點，有些人根本在散心中修，絕對的專修根本沒有。至於帶髮修行的居士們更談不上，講句老實話，無非湊湊熱鬧，一時興趣而已。有人問，持咒修密法同顯教，尤其同禪宗，為什麼一個非常著相，一個完全捨相？為什麼持咒要計較數字？很多人自作聰明，認為只要散心唸，專誠就可以了，不需要計較數字，又不是做生意！這個理論很高，事實上不全對，那麼一個是著相，一個是捨相，究竟哪個對呢？

不著相是以契合菩提道的道體而言，譬如虛空，不著萬象。其實修密法等一切漸修法門，都是修「有」法。「有」也譬如虛空，虛空能生萬有，含藏萬有，有是空的「用」，空是有的「體」。有法有相就有數，這你們也聽過《易經》的，但一用到修行上來，見地就都不通了。譬如照密宗的修氣來講，九節佛風你們目前還是沒有做好。寶瓶氣左鼻不通不要做。平常你們覺得鼻子不通，呼吸一停又通了，那是什麼道理呢？好像很矛盾，其實不矛盾，你們現在沒有真正的寶瓶氣，平常我也告訴你們，昏沉了，或者氣不通了，一閉氣就行了，這也是種氣功，但如果你認為閉氣就是寶瓶氣，那便是你的見地不到，工夫不到，智慧不到，差之毫釐，失之千里。講修持的工夫，就有那麼大的差別。

2

現在我們回來探討四十九天修持的狀況。剛才講過，你們除了唸誦在數字上稍稍有點基礎（十萬遍的基礎），嚴格而言，其他都談不上，而修持準提法或密宗的見地，更談不上；在感應上也只是稍稍有點而已，為什麼沒有大的感應呢？你們自己問問自心，不要問法，也不要問佛，不要問本尊好像沒有愛你，只問你的心境修持如何？有沒有專誠？所謂真心專誠便能得止了，止於準提法心口唸誦的專一境界。而在此種專一的境界上真的得止了，則相似於得定，如呆如痴，像個傻瓜一樣，而不真傻，因為六根不外用，安安穩穩地收回了，處於統合專一的境界。

你們特別要注意這一句話，譬如我們引用古代禪宗祖師所說的：「萬法歸一，一歸何處？」這個參禪的話頭。參禪是直取菩提，證得萬法的根本，所以要用心參一個話頭。但修行不等於參禪，一般修行是漸修，一步一步的。那你說我不如走頓悟的路線，何必漸修呢？要知道所有的頓悟都從漸修來的，沒有漸修，就沒有頓悟。漸修要積功累德，並趨於「萬法歸一」，歸在你專修準提法的觀想，等身口意專一了，才能得定；能得定才談得上解脫，不然都是口頭禪。

即使把「萬法歸一，一歸何處」都參通了，大澈大悟了，那麼他以後修不修呢？最高明的最平凡，所謂「高高山頂立，深深海底行」。大家修行還是要從基礎做起，要了脫生死，要生來死去得到自由自在，你非修定力不可。所以平常教你們注意呀！六度萬行當中布施、持戒、忍辱、精進，都是前奏加行的工夫，先修福報，福報夠了，禪定，禪定夠了，才有般若。小乘法門談「戒定慧」，「定」在中間，沒有定，沒有真正的戒，沒有定，沒有真正的慧。而且我再三講過，尤其在這個時代，這個世界，幾乎所有修佛修道都是口頭禪，嘴巴講起來高明得很，工夫一點都沒有。這話你們平常都常聽的，卻都忘了。尤其在這裡的同學——出家的同學，已經不錯了，並不是說你們完全不對，但是以我的要求標準來說，都是打零分的。大多氣質不夠，道理上沒通，雖然在這裡坐禪，沒有一個人真正的得止，更不要說得定。心念止不了，修行便止於表面而已，你們要澈底的反省，為什麼貪瞋癡慢的習氣反而越來越大，沒有減少呢？注意啊！這個話說起來我是很痛心的！

現在有些同學要求，不要這樣嚴格，所以我也懶得講你們，事實是這樣，結果你們習氣的弱點都爆發出來了。見地談不上，行願也沒有。你們自己認為高明的同學越要留意，自己認為差一點的同學也不可疏忽。因為自己認為差一點，潛意識往往就比較不敢放肆，而自己認為高明的難免得意忘形，那便糟透了！

在平常，我管你們也好，不管你們也好，一個一個都仔細地觀察著的。現在我再三強調，此時（這個時代）此地（這個地區）有這麼一個因緣，很不容易啊！可是因緣聚散無常，不要做美妙的糊塗夢啊！萬一因緣一散，你們背著包包各自東西，自己能夠走路嗎？這一生的修行，年紀輕輕的有把握了嗎？不要自欺了，毫無把握，差勁得一場糊塗。這一點你們要特別留心。

3

前天我講了，從今天開始起，你們要繼續修行，也徵求過大家的意見，希望如此。但是看到你們的唸誦還不得力。譬如比較真正用功唸誦的，喉嚨就吃不消了；較為姑息自己的，認為自己用不著那麼吃力，不全身投入，喉嚨當然好些，你們這兩種情況看來都蠻可憐！

持咒有三種念法，金剛念誦，普通的開口唸誦，和瑜伽念誦。三種念誦，都要曉得調氣，調氣就是調心。可是你們始終對調氣念誦的法門搞不清楚。為什麼搞不清楚？這就是你的業障。從喉輪到頭輪這一部分的氣脈很難通，自己對於一口氣一口氣心氣合一的唸誦，根本沒有得到要領；乃至很多人都是輕聲唸，怕把喉嚨唸啞了，不肯投身進去，這都是懈怠、取巧，甚至有些人認為我只要心念就好了，何必出聲呢？也是姑息。

我一再告訴你們，開口唸誦等於在修氣脈，要想轉這個色身的果報業報，非唸不可。但是看到你們受不了的情形，頗有可憐之感。因此我一念慈悲心起，算了！從今天起，一個鐘頭唸誦，一個鐘頭不唸。不唸幹什麼，改為瑜伽念誦，瑜伽念就是心念，也是默念。意要觀想，都攝六根，耳根回轉來，眼根回轉來，你身心的念頭與觀想配合為一，才能得止。瑜伽念誦也在念啊！不是不念，而表面上叫作參禪，這個裡頭也可等於同時修慧，也就是與參禪合一的，即是觀照自己，觀照得清清楚楚，忘卻身軀，不要一定放在心窩子、乳房中間，或是喉嚨、頭腦裡頭，不要在身上轉。以我們身體的心臟部分、喉嚨部分、頭輪部分而言，如果你能洒然一放，與虛空合一，盡法界徧十方，同聲一念，那可好呀！你做得到嗎？做到了就融化了身心，然後觀照同時，也就是密，也就是禪。即觀即照，即照即觀。即觀照，即是止、即是定。你能做到嗎？真能做到就不得了了，就好了。

4

這次的進修，我美其名為「禪密雙運」，禪密合修，同時進行。這是一個法門，不是兩個，但是要靠你的智慧。還有大家要注意的，今天重新宣佈，現在仍在準提法會中，並不同以前你們寒假的參禪打坐，咒語不唸的時候，並不是放下，而是瑜伽念誦，心念還是一樣，唸誦的數字照樣要連上去合併計算的。

此外，在這四十九天內，你們擔任執事的人，講句老實話，幾乎一下座來辦事就散亂了，沒有真照著準提法修持儀軌，有事修法中斷時要觀想舌頭上一個「ㄢ(嚂)」字，甚至心中仍不離本法，而照樣辦事。哪一個做到了?統統沒有吧!自欺欺人，這就不是修行人的本色了。年輕的幾個男眾智忠只打打拳，做做運動，修持根本夠不上;果錦固然忙一點，也是夠不上，沒有專心。你們表面上所謂修行是「依他起」，到這裡是受環境所使所逼，我看得很清楚。我不在時多放逸，甚至比放逸還糟糕，大為散亂。幾個年紀大一點的，我也只好不嚴格要求，不過我希望你們覺慧、文慧等上了年紀的注意呀！光陰迅速，來日無多，不要到了臘月三十最後的時刻，拖累別人，麻煩自己，千萬注意注意呀！要發願往生西方。修準提法同發願往生西方難道不一樣嗎？可見一直教你們研究《顯密圓通成佛心要》都沒有研究好，專持準提法，十方國土必可任意往生。

再說，唸誦與唱念，除了普通的節拍以外，這裡主要的就是教你們心氣合一的方法，依之而行，如果真有人唸到此一狀況，持誦一個鐘頭或半個鐘頭，那便獲益很大，身心的病痛能夠逐一祛除。可是我坐在這裡，聽你們一個個的聲音，轉了一圈聽過來，沒有人到達這境界的。如此，不要說氣脈的脈結（結使）打不開，就是心念的結使貪、瞋、癡、慢、疑、見思惑的結使也打不開，所謂頂輪的脈、喉輪的脈真的打開了，效果就來。真的你的頂輪的脈打開了，喉輪的脈打開了，那麼心輪、臍輪（丹田）等氣脈整個都全部可打開。這個道理要好好參究。

大家唸誦的時候，要怎麼樣才能心氣合一，打開脈輪，使氣脈歸一呢？

我一再告訴你們，要一口氣一口氣的唸。單獨唸誦時可以自由唱念，而團體共修卻不能不作規定，不然會變得亂糟糟的。我不是給你們講過，唱念不是在唱歌，你可以不管節拍的問題；而團體的唸誦有節奏，有法器配合，雖有節拍的問題，但同你心氣合一也沒有妨礙，自自然然就配合上了嘛！聲音接不上時只要意識中間有一絲連到就行了，可是你們全堂裡頭幾乎沒有人做到，這就是所謂的工夫了，偶然也有一兩位或半位捏到訣竅，一開口音聲就不同了，自然的，在這一點，你們真要慚愧。

到現在所謂一口氣一口氣的唸誦，你們始終沒有真正的體會到。如果真正體會到，一開口唸誦，已經沒有雜想，絕對沒有妄念了，自然心氣合一，而且感到身心皆空，與法界同體。一開口就做到了嘛！「南……無……」（師作示範），身體沒有了，也沒有所謂音聲什麼的。「南……無……薩……哆……喃……」身體自然空了。那麼為什麼注重一口氣一口氣的唸？為的是要使你們內心的氣脈打開。所以前一階段特別要大家開口唸，不要金剛念，因為你們還沒有資格做金剛念誦。老實講，金剛念誦也就是一口氣一口氣唇齒不動的念，一身百千萬個細胞都在動，都在念，身心全投進去了。開口唸也是這個道理。「南無薩哆喃三藐三菩陀……嗡部林」，儘量舌頭在拌動，唇齒不動。「南無……」（師再示範），一下就心氣合一了，嘴巴自然懶得動，那是因為心氣向內歸一了。這一點大家要特別的注意，尤其這次繼續四十九天後的唸誦修持更要特別善護念。

5

假使以你們現在的成績出去吹吹牛，或者表示自己還有點修行，那已經不錯了，可是真達到漸修法門的標準還不夠。你們身心的障礙依舊非常的大，再三告訴你們，身體的障礙、四大的老化全在一口氣，所謂習氣也是一口氣，習氣不能轉化即是氣質不能轉化。氣質是個真的東西，它不改善，身上的情、愛、欲、業力就難克服。這所謂的「氣」，不是呼吸之氣，但是現在要轉化它，倒先要從呼吸之氣開始練起，這一點特別慎重告訴大家，千萬不要因達不到唸誦的要求，便默默靜坐，不肯用心，提不起正念，身口意觀想的念頭都沒有，那就是嚴重的大昏沉。你要曉得大昏沉的果報是什麼？小則畜生道，大則地獄道。很多畜生，尤其愈低等的，大部分時間都在昏沉中、在睡眠中，也就是在冬眠狀態中。

動物有冬眠，人也有冬眠，氣候一冷，你就容易打坐了。但打坐豈是這麼容易？往往你天氣冷打坐，覺得很清靜、很舒服，那是細昏沉，一種變相的冬眠狀態。氣候太熱也會昏沉，一個是陰的，一個是陽的。冬天的昏沉好像靜坐一樣，實際上是種不折不扣的冬眠狀態，它是內斂的；天氣太熱的昏沉它是外放的、消耗的。在這個時候，雖然坐著不唸，寧可微微張開眼睛，不要落在昏沉中。要真修持的話，身口意的觀想要清明，不清明時，對付昏沉的辦法之一是閉氣。閉氣不是寶瓶氣，雖差不多，實則有別，要注意。氣一閉精神就來了，然後衝出去。

再說昏沉的現象，是身心兩方面的，有了身體就有昏沉。你在靜坐中不執守身體內部，哪裡在難過也不管，哪裡氣不通也不管，你從頂門上一衝就出去了，與虛空合一。準提儀軌的修法，我不是把法本交給你們了嗎？最後一衝與虛空合一，虛空即我，我即虛空，虛空與我無二無別，也無虛空之量可得，你們學過沒有？法本看過沒有？（同學們答有）為什麼不求證？還是守在色身內胡搞！怎麼不去參呢？光是要求灌頂，好啊！拿冰水來，一個個跪在佛前，頭上每人各給一瓢，讓你凍死，有什麼用？不用慧去修有什麼用？

很多學佛的人都躲在色殼子裡搞，口口聲聲四大皆空，全是妄語。你哪裡空得掉、衝得出來？等於黃龍禪師罵呂純陽祖師，原來是個守屍鬼！所以教你修白骨觀、死觀，兩腿一盤坐在這裡，這個屍體幾十斤臭肉一擺，身心內外皆空，我與虛空合一，還管你這一堆死肉幹嘛？這個氣魄都沒有，如何學佛？假使有這個氣魄，你們的唸誦就很容易到達昨天講《楞嚴經》上，文殊菩薩說到普賢菩薩的那個修法。那四句怎麼說？

我先提頭一句「心聞洞十方」，下一句呢？你們不是很用心聽嗎？記不得把大意講出來看！——一個都沒有？你們在這裡騙我，我也騙你們，這

附：心聞洞十方，當然獲圓通

叫作烏龜騙鼈，鼈騙賊（小偷），賊騙烏龜，大家都在轉著瞎騙，忙得團團轉。算了！聽了課有什麼用？哪裡去體會？你們要曉得觀想三業清淨修法的成就，是「心聞洞十方」的普賢法門。做到了，真到了虛空與我無二無別的境界，這個時候你能「心聞洞十方」，三業亦清淨，但這還得要「生於大因力」呀！所以說「初心不能入，云何獲圓通？」就是這四句嘛！

你們學佛，佛所親說的話也不聽，善知識的話不聽，惡知識的話也不聽；全體的我見、我慢、我相，都落於邪見中。大家吃飯去！佛法哪有吃飯好？吃飯才現實？去啊！

你們不瞭解生死，生來死去要自己能夠作主，有把握才行。活著的時候健康快樂，要走的時候，不拖累別人，不麻煩自己，這非修定不可！非先修「有為定」不可。老頭子們要注意啊！不要只搞清靜打坐，那是作不了主的。下座。

6

（師引眾唸誦準提咒數遍）

懂不懂？不懂！這樣一口氣一口氣唸，同你練九節佛風一樣。唸到後來連肚皮都癟進去了，沒有了，還在唸；最後放鬆，自然吸氣，充滿了再開始唸，比你練九節佛風，什麼氣功都有效。身體、精神越來越健旺，乃至兩腿坐不住，氣脈唸好了，一直唸到下面氣通了，自然經過屁股那裡，一路一路都會自己震開了，到了大腿、膝蓋、足底心，連十個足趾頭都在發樂。氣通了，一身都暖和了，甚至想脫衣服才好哩！而最後連所穿衣服都沒有感覺，也沒有身體的感覺，完全在一片音聲海中，音聲海是什麼？——空的。念念皆空，念念皆有。然後法界同聲，此身同空，投入本尊佛母與我合一的心海中。

然而為什麼現在改變方式，教你們可以瑜伽念呢？因為看你們不行。即使聲音停了，槌槌（木魚、引磬）一下停了，全堂靜了下來，心中還是要此聲此音繼續瑜伽念誦，還是「南無薩哆喃……」一路下去，不過一個是正常發音，一個聲自內發，聲自內發是什麼法門？知不知道？昨天正好講過《楞嚴經》。哪四句？上午還問過你們的，查了沒有？文殊菩薩講普賢菩薩的修法，哪個背得出來？五百塊錢獎金，背不出來每人打五百板屁股。上午講了，下午都沒有去查，你們哪裡在學呢？像我們以前學東西，這一下忘記了，全身毛孔都豎立起來，慚愧得真是難過。下去馬上翻，翻完了馬上背來，這樣才是求學。你們哪裡在求學？所以我說你們在混。

（師提第一句：「心聞洞十方」，果錦同學接背下三句：「生於大因力，初心不能入，云何獲圓通」。師曰：你得兩百塊，我得三百，是我起頭的，為什麼一開始不全背出來？）

「心聞洞十方」，非得「生於大因力」不可。為什麼你們不能入？這不就明明白白了嗎?!你們又學佛、又出家，已不算初心了；而這些居士們一天到晚阿彌陀佛，唸咒子，現在跑來這裡趕場一樣，也不能說是初心，至少在這裡已修了四十九天了，等於四十九個大劫了，為什麼不能入呀？因為你們不能入，所以「云何獲圓通？」假使能入那個「心聞洞十方」的境界，你早已進入普賢菩薩的行願海去了，所以要「生於大因力」，發起真正學佛的大願心啊！

今天再給你們講瑜伽念誦的道理，要搞清楚，好好體會。現在靜下來的時候，並不是叫你參禪。「心聞洞十方」，進入這個三昧，就不是初心了。假使能夠入，當然獲圓通。文殊菩薩已經說得很清楚，問你自己，云何獲圓通？大家正在修學，想證得菩提，就要細心參究。觀音法門從耳根入，到了普賢法門，亦同耳根有關聯，聞聲在心，這一旨要已透露了《楞嚴經》是無上的密宗。

你看佛說法五處放光，五次放光每次不同。你唸誦的音聲只要打通哪一輪，都能體會到個中道理的。不要說我坐在這裡，心空一念就好了，萬緣不起，那是大昏沉；即使做到完全「空」了，也不過是小乘的果位，因為你那個空還是意識現量的一個境界。那麼，我說「有」呢？也是意識現量的境界。所以永嘉禪師告訴過我們：「棄有著空病亦然，還如避溺而投火」。因此古人再三告誡我們修行的道理：「寧可著有如須彌山，不可落空如芥子許」。一落了空，轉身很難。

（師又唸誦準提咒數遍以作示範）

所謂金剛念誦如此——唇齒不動，音聲、氣脈在裡面念，完全融入在一片音聲氣海裡，這個裡面就是指你的色殼子。所以用不著修氣脈，氣脈自然都震開了。但是我們唸誦不在求氣脈震開，在求專一得止，與「都攝六根，淨念相繼」，是一樣的道理。不是在那裡窮叫喚，我聽到你們只在那裡吵吵嚷嚷，不是唸誦。現在再來唸幾遍試試看，看你們懂了沒有？

（大眾依法唸誦準提咒，師亦偶而同唸）

今天好像有一點聽懂了。注意呀！我在場不在場都如此修法，沒有不成就的，功德自然圓滿，自然可以證得菩提。剛才你們自已也聽到了，已經不同了，不是嗎？不過你們還沒有完全上路。不完全上路，散亂昏沉便依然如故，這個四大業報之身也就沒辦法轉化。

要知道這樣一口氣、一口氣的唸誦，嘴巴不會發乾的，稍微有點感冒，這樣一唸，出身汗就好了，都化掉了。精神不好的，待精氣神一充滿，當然好了。乃至腸胃不通也會走通了，心臟不好也會打通了，肺部不清也能清理了，這些都是附帶的功能，目的不在醫病。

釋迦牟尼佛不是傳下來有禪定修氣治病的法門嗎？你們一出家了，就是佛的弟子，這都不會，彎腰駝背地坐在那裡窮嚷，聲音再大，有什麼用？幾十個大破鑼，一聽便知不是修持人的聲音。真修持人的聲音，句句從胸襟中流出，每個音聲從丹田發出，自自然然的，不假造作。

道家的莊子也曾經說過：「真人之息以踵，眾人之息以喉。」普通人的呼吸到胸部肺部為止，得道的人卻從腳底心發出來。你不要說丹田在人的肚臍下一寸三分，誰去量過？是有這個道理，但一寸三分究竟在哪裡？這些我都講了，但你們不要去管它，不要著這個相，氣自然通了，充滿了。

7

注意啊！現在只是試試看，還沒有確定，給你們一堂唸誦，另一堂靜下來瑜伽念。心聞在念，氣脈在身體的裡頭震動，發生動搖現象，可以讓它動一下，不讓它動也可以。這些自己應該懂得收放自如，恰到好處，要曉得我的一念跟到受陰在跑，所以它才會動；如果念不跟到感覺跑，這個身體坐在那裡，就是一具白骨，甚至白骨都沒有了，發光了，等於一個虛架子，一層很薄的煙霧一樣，包著身體，內外都是光明，都是氣，哪裡會動？不動了。我不理會你這個受陰，不管你瘦也好，痛也好，麻也好，脹也好，舒服也好，連舒服也不管。你覺得舒服好啊？一躭溺這個享受的滋味，你就被受陰所困，色受想行識不能解脫，怎麼行呢？千萬不要被受陰困住了。

但是話又說回來，因為你們不能得定，氣脈不能通，不能解脫色身，所以修禪定要你先得喜得樂。先發起樂，再得喜，那也是為了打破受陰，打破這報身中的業力的一個轉機。這是以楔出楔的道理，拿這顆釘子去除那一顆釘子，最後再把它拔掉。所以一再告訴你們，儘管在修持密法，唸準提咒，道理還是要參究呀！傻里瓜嘰的坐在這裡，那豈是楞嚴法會？倒成了愣頭愣腦的法會。

就如剛才這樣，慢慢有點體會地修進去。敲犍槌的人要修得好的人來擔任，一個音聲接一個音聲，永遠是這樣，雖然密集，但不是快，不忙、不快、不慢、不急，就是這樣，自然進入由觀音菩薩的耳根法門，到達普賢菩薩的境界——「心聞洞十方」，自然可以依此大因之力，身心一天一天的健康起來，定慧也就自然而然地等持了。

我希望你們此次真正得益，這要看你們自己的福報了。好吧！開始唸誦吧！唸多久你們自己把握。維那是綱紀、領頭的，執行犍槌的維那，不但自己要練要修，同時也要觀察大家的耳根音聲，「心聞洞十方」，不對時要調整，該快該慢，不能自己隨心所欲，為了大眾的修持，要懂得如何去帶領。好，開始吧！

附錄一

普賢菩薩行願及修行法門

大方廣佛華嚴經入不思議解脫境界普賢行願品

唐罽賓國三藏般若奉詔譯

爾時普賢菩薩摩訶薩，稱歎如來勝功德已，告諸菩薩及善財言。善男子，如來功德，假使十方一切諸佛，經不可說不可說佛刹極微塵數劫，相續演說，不可窮盡。若欲成就此功德門，應修十種廣大行願。何等為十。一者禮敬諸佛。二者稱讚如來。三者廣修供養。四者懺悔業障。五者隨喜功德。六者請轉法輪。七者請佛住世。八者常隨佛學。九者恒順眾生。十者普皆迴向。

善財白言，大聖，云何禮敬，乃至迴向。

普賢菩薩告善財言。善男子，言禮敬諸佛者。所有盡法界虛空界，十方三世一切佛剎，極微塵數諸佛世尊。我以普賢行願力故，深心信解，如對目前。悉以清淨身語意業，常修禮敬。一一佛所，皆現不可說不可說佛剎極微塵數身。一一身，徧禮不可說不可說佛剎極微塵數佛。虛空界盡，我禮乃盡。以虛空界不可盡故，我此禮敬無有窮盡。如是乃至眾生界盡，眾生業盡，眾生煩惱盡，我禮乃盡。而眾生界，乃至煩惱無有盡故，我此禮敬無有窮盡。念念相續，無有間斷，身語意業，無有疲厭。

復次善男子，言稱讚如來者。所有盡法界虛空界，十方三世一切剎土，所有極微一一塵中，皆有一切世間極微塵數佛。一一佛所，皆有菩薩海會圍繞。我當悉以甚深勝解現前知見，各以出過辯才天女微妙舌根。一一舌根，出無盡音聲海。一一音聲，出一切言辭海。稱揚讚歎一切如來諸功德海，窮未來際，相續不斷。盡於法界，無不周徧，如是虛空界盡，眾生界盡，眾生業盡，眾生煩惱盡，我讚乃盡。而虛空界，乃至煩惱無有盡故，我此讚歎無有窮盡。念念相續，無有間斷。身語意業，無有疲厭。

復次善男子，言廣修供養者。所有盡法界虛空界，十方三世一切佛剎極微塵中，一一各有一切世界極微塵數佛。一一佛所，種種菩薩海會圍繞。我以普賢行願力故，起深信解現前知見，悉以上妙諸供養具，而為供養。所謂華雲鬘雲，天音樂雲，天傘蓋雲，天衣服雲。天種種香，塗香燒香末香，如是等雲，一一量如須彌山王。然種種燈，酥燈油燈。諸香油燈，一一燈炷如須彌山。一一燈油如大海水。以如是等諸供養具，常為供養。善男子，諸供養中，法供養最。所謂如說修行供養。利益眾生供養。攝受眾生供養。代眾生苦供養。勤修善根供養。不捨菩薩業供養。不離菩提心供養。善男子，如前供養無量功德，比法供養一念功德，百分不及一，千分不及一，百千俱胝那由他分，迦羅分，算分，數分，喻分，優波尼沙陀分，亦不及一。何以故，以諸如來尊重法故。以如說行，出生諸佛故。若諸菩薩行法供養，則得成就供養如來。如是修行，是真供養故。此廣大最勝供養，虛空界盡，眾生界盡，眾生業盡，眾生煩惱盡，我供乃盡。而虛空界，乃至煩惱不可盡故，我此供養亦無有盡。念念相續，無有間斷。身語意業，無有疲厭。

復次善男子，言懺悔業障者。菩薩自念我於過去無始劫中，由貪瞋癡，發身口意，作諸惡業，無量無邊。若此惡業有體相者，盡虛空界不能容受。我今悉以清淨三業，偏於法界極微塵剎，一切諸佛菩薩眾前，誠心懺悔，後不復造，恒住淨戒一切功德。如是虛空界盡，眾生界盡，眾生業盡，眾生煩惱盡，我懺乃盡。而虛空界，乃至眾生煩惱不可盡故，我此懺悔無有窮盡。念念相續，無有間斷。身語意業，無有疲厭。

復次善男子，言隨喜功德者。所有盡法界虛空界，十方三世一切佛剎，極微塵數諸佛如來。從初發心，為一切智，勤修福聚，不惜身命，經不可說不可說佛剎極微塵數劫。一一劫中，捨不可說不可說佛剎極微塵數頭目手足。如是一切難行苦行，圓滿種種波羅蜜門。證入種種菩薩智地。成就諸佛無上菩提。及般涅槃分布舍利。所有善根，我皆隨喜。及彼十方一切世界，六趣四生一切種類，所有功德，乃至一塵，我皆隨喜。十方三世一切聲聞，及辟支佛，有學無學，所有功德，我皆隨喜。一切菩薩所修無量難行苦行，志求無上正等菩提，廣大功德，我皆隨喜。如是虛空界盡，眾生界盡，眾生業盡，眾生煩惱盡，我此隨喜無有窮盡。念念相續，無有間斷。身語意業，無有疲厭。

復次善男子，言請轉法輪者。所有盡法界虛空界，十方三世一切佛剎極微塵中，一一各有不可說不可說佛剎極微塵數廣大佛剎。一一剎中，念念有不可說不可說佛剎極微塵數一切諸佛成等正覺，一切菩薩海會圍繞。而我悉以身口意業，種種方便，殷勤勸請，轉妙法輪。如是虛空界盡，眾生界盡，眾生業盡，眾生煩惱盡，我常勸請一切諸佛轉正法輪，無有窮盡。念念相續，無有間斷。身語意業，無有疲厭。

復次善男子，言請佛住世者。所有盡法界虛空界，十方三世一切佛剎極微塵數諸佛如來將欲示現般涅槃者。及諸菩薩聲聞緣覺，有學無學，乃至一切諸善知識，我悉勸請莫入涅槃。經於一切佛剎極微塵數劫，為欲利樂一切眾生。如是虛空界盡，眾生界盡，眾生業盡，眾生煩惱盡。我此勸請無有窮盡。念念相續，無有間斷。身語意業，無有疲厭。

復次善男子，言常隨佛學者。如此娑婆世界，毘盧遮那如來，從初發心，精進不退，以不可說不可說身命，而為布施。剝皮為紙，析骨為筆，刺血為墨，書寫經典，積如須彌。為重法故，不惜身命。何況王位，城邑聚落，宮殿園林，一切所有。及餘種種難行苦行，乃至樹下成大菩提，示種種神通，起種種變化，現種種佛身，處種種眾會。或處一切諸大菩薩，眾會道場。或處聲聞，及辟支佛，眾會道場。或處轉輪聖王，小王眷屬，眾會道場。或處剎利，及婆羅門，長者居士，眾會道場。乃至或處天龍八部，人非人等，眾會道場。處於如是種種眾會。以圓滿音，如大雷震。隨其樂欲，成熟眾生。乃至示現入於涅槃。如是一切，我皆隨學。如今世尊毘盧遮那。如是盡法界虛空界，十方三世一切佛剎，所有塵中一切如來，皆亦如是，於念念中，我皆隨學。如是虛空界盡，眾生界盡，眾生業盡，眾生煩惱盡，我此隨學無有窮盡。念念相續，無有間斷。身語意業，無有疲厭。

復次善男子，言恒順眾生者。謂盡法界虛空界，十方剎海，所有眾生，種種差別。所謂卵生，胎生，溼生，化生。或有依於地水火風而生住者。或有依空，及諸卉木，而生住者。種種生類。種種色身。種種形狀。種種相貌。種種壽量。種種族類。種種名號。種種心性。種種知見。種種欲樂。種種意行。種種威儀。種種衣服。種種飲食。處於種種村營聚落。城邑宮殿。乃至一切天龍八部，人非人等。無足二足，四足多足。有色無色。有想無想。非有想非無想。如是等類，我皆於彼隨順而轉。種種承事，種種供養。如敬父母，如奉師長，及阿羅漢，乃至如來，等無有異。於諸病苦，為作良醫。於失道者，示其正路。於闇夜中，為作光明。於貧窮者，令得伏藏。菩薩如是平等饒益一切眾生。何以故。菩薩若能隨順眾生，則為隨順供養諸佛。若於眾生尊重承事，則為尊重承事如來。若令眾生生歡喜者，則令一切如來歡喜。何以故。諸佛如來，以大悲心而為體故。因於眾生而起大悲，因於大悲生菩提心，因菩提心成等正覺。譬如曠野沙磧之中有大樹王，若根得水，枝葉華果，悉皆繁茂。生死曠野菩提樹王，亦復如是。一切眾生而為樹根，諸佛菩薩而為華果。以大悲水饒益眾生，則能成就諸佛菩薩智慧華果。何以故。若菩薩以大悲水饒益眾生，則能成就阿耨多羅三藐三菩提故，是故菩提屬於眾生。若無眾生，一切菩薩，終不能成無上正覺。善男子，汝於此義，應如是解。以於眾生心平等故，則能成就圓滿大悲。以大悲心隨眾生故，則能成就供養如來。菩薩如是隨順眾生，虛空界盡，眾生界盡，眾生業盡，眾生煩惱盡，我此隨順無有窮盡，念念相續，無有間斷。身語意業，無有疲厭。

復次善男子，言普皆迴向者。從初禮拜，乃至隨順，所有功德，悉皆迴向盡法界虛空界一切眾生。願令眾生常得安樂，無諸病苦。欲行惡法，皆悉不成。所修善業，皆速成就。關閉一切諸惡趣門。開示人天涅槃正路。若諸眾生，因其積集諸惡業故，所感一切極重苦果，我皆代受。令彼眾生，悉得解脫，究竟成就無上菩提。菩薩如是所修迴向，虛空界盡，眾生界盡，眾生業盡，眾生煩惱盡，我此迴向無有窮盡。念念相續，無有間斷，身語意業，無有疲厭。

善男子，是為菩薩摩訶薩十種大願，具足圓滿。若諸菩薩於此大願隨順趣入，則能成熟一切眾生。則能隨順阿耨多羅三藐三菩提。則能成滿普賢菩薩諸行願海。是故善男子，汝於此義，應如是知。若有善男子善女人，以滿十方無量無邊不可說不可說佛剎極微塵數一切世界上妙七寶，及諸人天最勝安樂，布施爾所一切世界所有眾生，供養爾所一切世界諸佛菩薩。經爾所佛剎極微塵數劫相續不斷，所得功德。若復有人，聞此願王，一經於耳，所有功德，比前功德，百分不及一，千分不及一，乃至優波尼沙陀分亦不及一。或復有人，以深信心，於此大願受持讀誦，乃至書寫一四句偈，速能除滅五無間業。所有世間身心等病，種種苦惱，乃至佛剎極微塵數一切惡業皆得消除。一切魔軍，夜叉羅剎，若鳩槃茶，若毘舍闍，若部多等，飲血啗肉，諸惡鬼神，悉皆遠離。或時發心親近守護。是故若人誦此願者，行於世間，無有障礙。如空中月，出於雲翳。諸佛菩薩之所稱讚，一切人天皆應禮敬，一切眾生悉應供養。此善男子，善得人身，圓滿普賢所有功德。不久當如普賢菩薩，速得成就微妙色身，具三十二大丈夫相。若生人天，所在之處，常居勝族。悉能破壞一切惡趣。悉能遠離一切惡友。悉能制服一切外道。悉能解脫一切煩惱。如師子王，摧伏羣獸，堪受一切眾生供養。又復是人臨命終時，最後剎那。一切諸根悉皆散壞。一切親屬悉皆捨離。一切威勢悉皆退失。輔相大臣，宮城內外，象馬車乘，珍寶伏藏，如是一切，無復相隨。唯此願王，不相捨離。於一切時，引導其前一剎那中，即得往生極樂世界。到已，即見阿彌陀佛。文殊師利菩薩。普賢菩薩。觀自在菩薩。彌勒菩薩等。此諸菩薩，色相端嚴，功德具足，所共圍繞，其人自見生蓮華中，蒙佛授記。得授記已，經於無數百千萬億那由他劫，普於十方不可說不可說世界，以智慧力，隨眾生心，而為利益。不久當坐菩提道場。降伏魔軍。成等正覺。轉妙法輪。能令佛剎極微塵數世界眾生，發菩提心。隨其根性，教化成熟。乃至盡於未來劫海，廣能利益一切眾生。善男子，彼諸眾生，若聞若信此大願王，受持讀誦，廣為人說，所有功德，除佛世尊，餘無知者。是故汝等聞此願王，莫生疑念，應當諦受。受已能讀。讀已能誦。誦已能持。乃至書寫，廣為人說。是諸人等，於一念中，所有行願，皆得成就。所獲福聚，無量無邊。能於煩惱大苦海中，拔濟眾生，令其出離，皆得往生阿彌陀佛極樂世界。

爾時普賢菩薩摩訶薩，欲重宣此義，普觀十方而說偈言。

所有十方世界中　三世一切人師子
我以清淨身語意　一切徧禮盡無餘
普賢行願威神力　普現一切如來前
一身復現剎塵身　一一徧禮剎塵佛
於一塵中塵數佛　各處菩薩眾會中
無盡法界塵亦然　深信諸佛皆充滿
各以一切音聲海　普出無盡妙言辭
盡於未來一切劫　讚佛甚深功德海
以諸最勝妙華鬘　伎樂塗香及傘蓋
如是最勝莊嚴具　我以供養諸如來
最勝衣服最勝香　末香燒香與燈燭
一一皆如妙高聚　我悉供養諸如來

我以廣大勝解心　深信一切三世佛
悉以普賢行願力　普偏供養諸如來
我昔所造諸惡業　皆由無始貪瞋癡
從身語意之所生　一切我今皆懺悔
十方一切諸眾生　二乘有學及無學
一切如來與菩薩　所有功德皆隨喜
十方所有世間燈　最初成就菩提者
我今一切皆勸請　轉於無上妙法輪
諸佛若欲示涅槃　我悉至誠而勸請
唯願久住剎塵劫　利樂一切諸眾生
所有禮讚供養福　請佛住世轉法輪
隨喜懺悔諸善根　迴向眾生及佛道
我隨一切如來學　修習普賢圓滿行
供養過去諸如來　及與現在十方佛

未來一切天人師　一切意樂皆圓滿
我願普隨三世學　速得成就大菩提
所有十方一切剎　廣大清淨妙莊嚴
眾會圍繞諸如來　悉在菩提樹王下
十方所有諸眾生　願離憂患常安樂
獲得甚深正法利　滅除煩惱盡無餘
我為菩提修行時　一切趣中成宿命
常得出家修淨戒　無垢無破無穿漏
天龍夜叉鳩槃荼　乃至人與非人等
所有一切眾生語　悉以諸音而說法
勤修清淨波羅蜜　恒不忘失菩提心
滅除障垢無有餘　一切妙行皆成就
於諸惑業及魔境　世間道中得解脫
猶如蓮華不著水　亦如日月不住空

悉除一切惡道苦　等與一切羣生樂
如是經於剎塵劫　十方利益恒無盡
我常隨順諸眾生　盡於未來一切劫
恒修普賢廣大行　圓滿無上大菩提
所有與我同行者　於一切處同集會
身口意業皆同等　一切行願同修學
所有益我善知識　為我顯示普賢行
常願與我同集會　於我常生歡喜心
願常面見諸如來　及諸佛子眾圍繞
於彼皆興廣大供　盡未來劫無疲厭
願持諸佛微妙法　光顯一切菩提行
究竟清淨普賢道　盡未來劫常修習
我於一切諸有中　所修福智恒無盡
定慧方便及解脫　獲諸無盡功德藏

一塵中有塵數剎　一一剎有難思佛
一一佛處眾會中　我見恒演菩提行
普盡十方諸剎海　一一毛端三世海
佛海及與國土海　我徧修行經劫海
一切如來語清淨　一言具眾音聲海
隨諸眾生意樂音　一一流佛辯才海
三世一切諸如來　於彼無盡語言海
恒轉理趣妙法輪　我深智力普能入
我能深入於未來　盡一切劫為一念
三世所有一切劫　為一念際我皆入
我於一念見三世　所有一切人師子
亦常入佛境界中　如幻解脫及威力
於一毛端極微中　出現三世莊嚴剎
十方塵剎諸毛端　我皆深入而嚴淨

所有未來照世燈　成道轉法悟羣有
究竟佛事示涅槃　我皆往詣而親近
速疾周偏神通力　普門偏入大乘力
智行普修功德力　威神普覆大慈力
偏淨莊嚴勝福力　無著無依智慧力
定慧方便威神力　普能積集菩提力
清淨一切善業力　摧滅一切煩惱力
降伏一切諸魔力　圓滿普賢諸行力
普能嚴淨諸剎海　解脫一切眾生海
善能分別諸法海　能甚深入智慧海
普能清淨諸行海　圓滿一切諸願海
親近供養諸佛海　修行無倦經劫海
三世一切諸如來　最勝菩提諸行願
我皆供養圓滿修　以普賢行悟菩提

一切如來有長子　彼名號曰普賢尊
我今迴向諸善根　願諸智行悉同彼
願身口意恒清淨　諸行剎土亦復然
如是智慧號普賢　願我與彼皆同等
我為偏淨普賢行　文殊師利諸大願
滿彼事業盡無餘　未來際劫恒無倦
我所修行無有量　獲得無量諸功德
安住無量諸行中　了達一切神通力
文殊師利勇猛智　普賢慧行亦復然
我今迴向諸善根　隨彼一切常修學
三世諸佛所稱歎　如是最勝諸大願
我今迴向諸善根　為得普賢殊勝行
願我臨欲命終時　盡除一切諸障礙
面見彼佛阿彌陀　即得往生安樂剎

我既往生彼國已　現前成就此大願
一切圓滿盡無餘　利樂一切眾生界
彼佛眾會咸清淨　我時於勝蓮華生
親覩如來無量光　現前授我菩提記
蒙彼如來授記已　化身無數百俱胝
智力廣大徧十方　普利一切眾生界
乃至虛空世界盡　眾生及業煩惱盡
如是一切無盡時　我願究竟恒無盡
十方所有無邊剎　莊嚴眾寶供如來
最勝安樂施天人　經一切剎微塵劫
若人於此勝願王　一經於耳能生信
求勝菩提心渴仰　獲勝功德過於彼
即常遠離惡知識　永離一切諸惡道
速見如來無量光　具此普賢最勝願

此人善得勝壽命　此人善來人中生
此人不久當成就　如彼普賢菩薩行
往昔由無智慧力　所造極惡五無間
誦此普賢大願王　一念速疾皆消滅
族姓種類及容色　相好智慧咸圓滿
諸魔外道不能摧　堪為三界所應供
速詣菩提大樹王　坐已降伏諸魔眾
成等正覺轉法輪　普利一切諸含識
若人於此普賢願　讀誦受持及演說
果報唯佛能證知　決定獲勝菩提道
若人誦此普賢願　我說少分之善根
一念一切悉皆圓　成就眾生清淨願
我此普賢殊勝行　無邊勝福皆迴向
普願沈溺諸眾生　速往無量光佛剎

爾時普賢菩薩摩訶薩，於如來前，說此普賢廣大願王清淨偈已。善財童子，踴躍無量。一切菩薩，皆大歡喜。如來讚言，善哉善哉。

爾時世尊，與諸聖者菩薩摩訶薩，演說如是不可思議解脫境界勝法門時。文殊師利菩薩而為上首。諸大菩薩，及所成熟六千比丘。彌勒菩薩而為上首。賢劫一切諸大菩薩。無垢普賢菩薩而為上首。一生補處，住灌頂位，諸大菩薩。及餘十方種種世界，普來集會，一切剎海，及微塵數，諸菩薩摩訶薩眾。大智舍利佛，摩訶目犍連等，而為上首，諸大聲聞。并諸人天，一切世主。天，龍，夜叉，乾闥婆，阿修羅，迦樓羅，緊那羅，摩睺羅伽，人非人等，一切大眾。聞佛所說，皆大歡喜，信受奉行。

大方廣佛華嚴經普賢行願品

讚

重重願海，莫可言宣。眾生無盡願無邊，化生七寶蓮。記授金仙。萬德一時圓。

大方廣佛華嚴經淨行品

唐于闐國三藏沙門實叉難陀譯

爾時智首菩薩問文殊師利菩薩言。佛子。菩薩云何得無過失身語意業。云何得不害身語意業。云何得不可毀身語意業。云何得不可壞身語意業。云何得不退轉身語意業。云何得不可動身語意業。云何得殊勝身語意業。云何得清淨身語意業。云何得無染身語意業。云何得智為先導身語意業。云何得生處具足。種族具足。家具足。色具足。相具足。念具足。慧具足。行具足。無畏具足。覺悟具足。云何得勝慧。第一慧。最上慧。最勝慧。無量慧。無數慧。不思議慧。無與等慧。不可量慧。不可說慧。云何得因力。欲力。方便力。緣力。所緣力。根力。觀察力。奢摩他力。毗鉢舍那力。思惟力。云何得蘊善巧。界善巧。處善巧。緣起善巧。欲界善巧。色界善巧。無色界善巧。過去善巧。未來善巧。現在善巧。云何善修習念覺分。擇法覺分。精進覺分。喜覺分。猗覺分。定覺分。捨覺分。空，無相，無願。云何得圓滿檀波羅蜜。尸波羅蜜。羼提波羅蜜。毗黎耶波羅蜜。禪那波羅蜜。般若波羅蜜。及以圓滿慈悲喜捨。云何得處，非處智力。過未現在業報智力。根勝劣智力。種種界智力。種種解智力。一切至處道智力。禪解脫三昧染淨智力。宿住念智力。無障礙天眼智力。斷諸習智力。云何常得天王，龍王，夜叉王，乾闥婆王，阿修羅王，迦樓羅王，緊那羅王，摩睺羅伽王，人王，梵王，之所守護。恭敬供養。云何得與一切眾生為依，為救，為歸，為趣，為炬，為明，為照，為導，為勝導，為普導，云何於一切眾生中為第一，為大，為勝，為最勝，為妙，為極妙，為上，為無上，為無等，為無等等。爾時文殊師利菩薩，告智首菩薩言。善哉佛子。汝今為欲多所饒益。多所安隱。哀愍世間，利樂天人。問如是義。佛子。若諸菩薩。善用其心。則獲一切勝妙功德。於諸佛法，心無所礙。住去來今諸佛之道。隨眾生住，恒不捨離。如諸法相。悉能通達。斷一切惡。具足眾善。當如普賢色像第一。一切行願皆得具足。於一切法無不自在。而為眾生第二導師。佛子。云何用心。

能獲一切勝妙功德。佛子。

菩薩在家　當願眾生　知家性空　免其逼迫
孝事父母　當願眾生　善事於佛　護養一切
妻子集會　當願眾生　冤親平等　永離貪著
若得五欲　當願眾生　拔除欲箭　究竟安隱
妓樂聚會　當願眾生　以法自娛　了妓非實
若在宮室　當願眾生　入於聖地　永除穢欲
著瓔珞時　當願眾生　捨諸偽飾　到真實處
上昇樓閣　當願眾生　昇正法樓　徹見一切
若有所施　當願眾生　一切能捨　心無愛著
眾會聚集　當願眾生　捨眾聚法　成一切智
若在厄難　當願眾生　隨意自在　所行無礙
捨居家時　當願眾生　出家無礙　心得解脫

入僧伽藍 當願眾生 演說種種 無乖諍法
詣大小師 當願眾生 巧事師長 習行善法
求請出家 當願眾生 得不退法 心無障礙
脫去俗服 當願眾生 勤修善根 捨諸罪軛
剃除鬚髮 當願眾生 永離煩惱 究竟寂滅
著袈裟衣 當願眾生 心無所染 具大仙道
正出家時 當願眾生 同佛出家 救護一切
自歸於佛 當願眾生 紹隆佛種 發無上意
自歸於法 當願眾生 深入經藏 智慧如海
自歸於僧 當願眾生 統理大眾 一切無礙
受學戒時 當願眾生 善學於戒 不作眾惡
受闍梨教 當願眾生 具足威儀 所行真實
受和尚教 當願眾生 入無生智 到無依處
受具足戒 當願眾生 具諸方便 得最勝法

若入堂宇　當願眾生　昇無上堂　安住不動

若敷牀座　當願眾生　開敷善法　見真實相

正身端坐　當願眾生　坐菩提座　心無所著

結跏趺坐　當願眾生　善根堅固　得不動地

修行於定　當願眾生　以定伏心　究竟無餘

若修於觀　當願眾生　見如實理　永無乖諍

捨跏趺坐　當願眾生　觀諸行法　悉歸散滅

下足住時　當願眾生　心得解脫　安住不動

若舉於足　當願眾生　出生死海　具眾善法

著下裙時　當願眾生　服諸善根　具足慚愧

整衣束帶　當願眾生　檢束善根　不令散失

若著上衣　當願眾生　獲勝善根　至法彼岸

著僧伽黎　當願眾生　入第一位　得不動法

手執楊枝　當願眾生　皆得妙法　究竟清淨

嚼楊枝時　當願眾生　其心調淨　噬諸煩惱

大小便時　當願眾生　棄貪瞋癡　蠲除罪法

事訖就水　當願眾生　出世法中　速疾而往

洗滌形穢　當願眾生　清淨調柔　畢竟無垢

以水盥掌　當願眾生　得清淨手　受持佛法

以水洗面　當願眾生　得淨法門　永無垢染

手執錫杖　當願眾生　設大施會　示如實道

執持應器　當願眾生　成就法器　受天人供

發趾向道　當願眾生　趣佛所行　入無依處

若在於道　當願眾生　能行佛道　向無餘法

涉路而去　當願眾生　履淨法界　心無障礙

見昇高路　當願眾生　永出三界　心無怯弱

見趣下路　當願眾生　其心謙下　長佛善根

見斜曲路　當願眾生　捨不正道　永除惡見

若見直路　當願眾生　其心正直　無諂無誑
見路多塵　當願眾生　速離塵坌　獲清淨法
見路無塵　當願眾生　常行大悲　其心潤澤
若見險道　當願眾生　住正法界　離諸罪難
若見眾會　當願眾生　說甚深法　一切和合
若見大柱　當願眾生　離我諍心　無有忿恨
若見叢林　當願眾生　諸天及人　所應敬禮
若見高山　當願眾生　善根超出　無能至頂
見棘刺樹　當願眾生　疾得翦除　三毒之刺
見樹葉茂　當願眾生　以定解脫　而為蔭映
若見華開　當願眾生　神通等法　如華開敷
若見樹華　當願眾生　眾相如華　具三十二
若見果實　當願眾生　獲最勝法　證菩提道
若見大河　當願眾生　得預法流　入佛智海

若見陂澤　當願眾生　疾悟諸佛　一味之法
若見池沼　當願眾生　語業滿足　巧能演說
若見汲井　當願眾生　具足辯才　演一切法
若見涌泉　當願眾生　方便增長　善根無盡
若見橋道　當願眾生　廣度一切　猶如橋樑
若見流水　當願眾生　得善意欲　洗除惑垢
見修園圃　當願眾生　五欲圃中　耘除愛草
見無憂林　當願眾生　永離貪愛　不生憂怖
若見園苑　當願眾生　勤修諸行　趣佛菩提
見嚴飾人　當願眾生　三十二相　以為嚴好
見無嚴飾　當願眾生　捨諸飾好　具頭陀行
見樂著人　當願眾生　以法自娛　歡愛不捨
見無樂著　當願眾生　有為事中　心無所樂
見歡樂人　當願眾生　常得安樂　樂供養佛

見苦惱人　當願眾生　獲根本智　滅除眾苦
見無病人　當願眾生　入真實慧　永無病惱
見疾病人　當願眾生　知身空寂　離乖諍法
見端正人　當願眾生　於佛菩薩　常生淨信
見醜陋人　當願眾生　於不善事　不生樂著
見報恩人　當願眾生　於佛菩薩　能知恩德
見背恩人　當願眾生　於有惡人　不加其報
若見沙門　當願眾生　調柔寂靜　畢竟第一
見婆羅門　當願眾生　永持梵行　離一切惡
見苦行人　當願眾生　依於苦行　至究竟處
見操行人　當願眾生　堅持志行　不捨佛道
見著甲冑　當願眾生　常服善鎧　趣無師法
見無鎧仗　當願眾生　永離一切　不善之業
見論議人　當願眾生　於諸異論　悉能摧伏

見正命人　當願眾生　得清淨命　不矯威儀
若見於王　當願眾生　得為法王　恒轉正法
若見王子　當願眾生　從法化生　而為佛子
若見長者　當願眾生　善能明斷　不行惡法
若見大臣　當願眾生　恒守正念　習行眾善
若見城郭　當願眾生　得堅固身　心無所屈
若見王都　當願眾生　功德共聚　心恒喜樂
見處林藪　當願眾生　應為天人　之所歎仰
入里乞食　當願眾生　入深法界　心無障礙
到人門戶　當願眾生　入於一切　佛法之門
入其家已　當願眾生　得入佛乘　三世平等
見不捨人　當願眾生　常不捨離　勝功德法
見能捨人　當願眾生　永得捨離　三惡道苦
若見空鉢　當願眾生　其心清淨　空無煩惱

若見滿鉢　當願眾生　具足成滿　一切善法
若得恭敬　當願眾生　恭敬修行　一切佛法
不得恭敬　當願眾生　不行一切　不善之法
見慚恥人　當願眾生　具慚恥行　藏護諸根
見無慚恥　當願眾生　捨離無慚　住大慈道
若得美食　當願眾生　滿足其願　心無羨欲
得不美食　當願眾生　莫不獲得　諸三昧味
得柔輭食　當願眾生　大悲所熏　心意柔輭
得麤澀食　當願眾生　心無染著　絕世貪愛
若飯食時　當願眾生　禪悅為食　法喜充滿
若受味時　當願眾生　得佛上味　甘露滿足
飯食已訖　當願眾生　所作皆辦　具諸佛法
若說法時　當願眾生　得無盡辯　廣宣法要
從舍出時　當願眾生　深入佛智　永出三界

若入水時　當願眾生　入一切智　知三世等
洗浴身體　當願眾生　身心無垢　內外光潔
盛暑炎毒　當願眾生　捨離眾惱　一切皆盡
暑退涼初　當願眾生　證無上法　究竟清涼
諷誦經時　當願眾生　順佛所說　總持不忘
若得見佛　當願眾生　得無礙眼　見一切佛
諦觀佛時　當願眾生　皆如普賢　端正嚴好
見佛塔時　當願眾生　尊重如塔　受天人供
敬心觀塔　當願眾生　諸天及人　所共瞻仰
頂禮於塔　當願眾生　一切天人　無能見頂
右繞於塔　當願眾生　所行無逆　成一切智
繞塔三帀　當願眾生　勤求佛道　心無懈歇
讚佛功德　當願眾生　眾德悉具　稱歎無盡
讚佛相好　當願眾生　成就佛身　證無相法

若洗足時　當願眾生　具神足力　所行無礙
以時寢息　當願眾生　身得安隱　心無動亂
睡眠始寤　當願眾生　一切智覺　周顧十方

佛子。若諸菩薩如是用心。則獲一切勝妙功德。一切世間諸天，魔梵，沙門，婆羅門，乾闥婆，阿修羅等。及以一切聲聞，緣覺，所不能動。

佛説觀普賢菩薩行法經

宋元嘉年曇無蜜多於揚州譯

如是我聞。一時佛在毗舍離國大林精舍重閣講堂。告諸比丘。却後三月。我當涅槃。尊者阿難。即從座起。整衣服叉手合掌。遶佛三匝。為佛作禮。胡跪合掌諦觀如來。目不暫捨。長老摩訶迦葉。彌勒菩薩摩訶薩。亦從座起合掌作禮瞻仰尊顏。

時三大士異口同音。而白佛言。世尊。如來滅後。云何眾生起菩薩心。修行大乘方等經典。正念思惟一實境界。云何不失無上菩提之心。云何復當不斷煩惱不離五欲。得淨諸根滅除諸罪。父母所生清淨常眼。不斷五欲而能得見諸障外事。

佛告阿難。諦聽。諦聽。善思念之。如來昔在耆闍崛山及餘住處。已廣分別一實之道。今於此處。為未來世諸眾生等。欲行大乘無上法者。欲學普賢行。普賢行者。我今當說其憶念法。若見普賢及不見者。除却罪數。今為汝等當廣分別。阿難。普賢菩薩。乃生東方淨妙國土。其國土相。法華經中已廣分別。我今於此略而解說。阿難。若比丘，比丘尼，優婆塞，優婆夷。天龍八部一切眾生。誦大乘經者。修大乘者。發大乘意者。樂見普賢菩薩色身者。樂見多寶佛塔者。樂見釋迦牟尼佛及分身諸佛者。樂得六根清淨者。當學是觀。

此觀功德除諸障礙。見上妙色。不入三昧。但誦持故。專心修習。心心相次。不離大乘。一日至三七日。得見普賢。有重障者。七七日盡然後得見。復有重者一生得見。復有重者二生得見。復有重者三生得見。如是種種業報不同。是故異說。

普賢菩薩身量無邊，音聲無邊，色像無邊。欲來此國。入自在神通。促身令小。閻浮提人三障重故。以智慧力化乘白象。其象六牙七支跓地。其七支下生七蓮華。象色鮮白。白中上者。頗梨雪山不得為比。身長四百五十由旬。高四百由旬。於六牙端有六浴池。一一浴池中生十四蓮華。與池正等。

其華開敷如天樹王。一一華上有一玉女。顏色紅輝有過天女。手中自然化五箜篌。一一箜篌。有五百樂器以為眷屬。有五百飛鳥。梟鴈鴛鴦皆眾寶色。生花葉間。象鼻有華。其莖譬如赤真珠色。其華金色含而未敷。

見是事已。復更懺悔。至心諦觀思惟大乘。心不休廢。見華即敷金色金光。其蓮華臺是甄叔迦寶。妙梵摩尼以為華鬘。金剛寶珠以為華鬚。見有化佛坐蓮華臺。眾多菩薩坐蓮華鬚。化佛眉間。亦出金光入象鼻中。從象鼻出。入象眼中。從象眼出。入象耳中。從象耳出。照象頂上。化作金臺。其象頭上有三化人。一捉金輪。一持摩尼珠。一執金剛杵。擬象。象即能行。腳不履地。躡虛而遊。離地七尺。地有印文。於印文中。千輻轂輞皆悉具足。一一輞間生一大蓮華。

此蓮華上生一化象。亦有七支。隨大象行。舉足下足。生七千象以為眷屬。隨從大象。象鼻紅蓮華色。上有化佛放眉間光。其光金色。如前入象鼻中。於象鼻中出入象眼中。從象眼出。還入象耳。從象耳出。至象頸上。漸漸上至象背。化成金鞍。七寶校具。於鞍四面有七寶柱。眾寶校飾以成寶臺。

臺中有一七寶蓮華。其蓮華鬚百寶共成。其蓮華臺是大摩尼。有一菩薩結跏趺坐。名曰普賢。身白玉色。五十種光，光五十種色以為項光。身諸毛孔流出金光。其金光端。無量化佛。諸化菩薩以為眷屬。安庠徐步。雨大寶華至行者前。其象開口。於象牙上。諸池玉女鼓樂絃歌。其聲微妙。讚歎大乘一實之道。

行者見已。歡喜敬禮。復更誦讀甚深經典。偏禮十方無量諸佛。禮多寶塔及釋迦牟尼。并禮普賢諸大菩薩。發是誓言。若我宿福應見普賢。願尊者偏吉。示我色身。作是願已。晝夜六時禮十方佛。行懺悔法。誦大乘經。讀大乘經。思大乘義。念大乘事。恭敬供養持大乘者。視一切人猶如佛想。於諸眾生如父母想。

作是念已。普賢菩薩。即於眉間放大人相白毫光明。此光現時。普賢菩薩身相端嚴。如紫金山。端正微妙。三十二相皆悉備有。身諸毛孔放大光明。照其大象令作金色。一切化象亦作金色。諸化菩薩亦作金色。其金色光。照于東方無量世界。皆同金色。南西北方四維上下亦復如是。

爾時十方面一一方。有一菩薩。乘六牙白象王。亦如普賢等無有異。如是十方無量無邊滿中化象。普賢菩薩神通力故。令持經者皆悉得見。是時行者。見諸菩薩。身心歡喜。為其作禮。白言。大慈大悲者。愍念我故。為我說法。說是語時。諸菩薩等異口同音。各說清淨大乘經法。作諸偈頌讚歎行者。是名始觀普賢菩薩最初境界。

爾時行者。見是事已。心念大乘。晝夜不捨。於睡眠中。夢見普賢為其說法。如覺無異。安慰其心。而作是言。汝所誦持。忘失是句。忘失是偈。爾時行者聞普賢菩薩所說。深解義趣。憶持不忘。日日如是。其心漸利。

普賢菩薩。教其憶念十方諸佛。隨普賢教。正心正意。漸以心眼見東方佛。身黃金色。端嚴微妙。見一佛已。復見一佛。如是漸漸。偏見東方一切諸佛。心相利故。偏見十方一切諸佛。見諸佛已。心生歡喜。而作是言。因大乘故。得見大士。因大士力故。得見諸佛。雖見諸佛猶未了了。閉目則見。開目則失。作是語已。五體投地。偏禮十方佛。禮諸佛已。胡跪合掌而作是言。諸佛世尊。十力無畏十八不共大慈大悲三念處。常在世間色中上色。我有何罪而不得見。說是語已。復更懺悔。懺悔清淨已。普賢菩薩復更現前。行住坐臥不離其側。乃至夢中常為說法。此人覺已。得法喜樂。如是晝夜經三七日。然後方得旋陀羅尼。得陀羅尼故。諸佛菩薩所說妙法。憶持不失。亦常夢見過去七佛。唯釋迦牟尼佛為其說法。是諸世尊。各各稱讚大乘經典。

爾時行者。復更懺悔。徧禮十方佛。禮十方佛已。普賢菩薩住其人前。教說宿世一切業緣。發露黑惡一切罪事。向諸世尊。口自發露。既發露已。尋時即得諸佛現前三昧。得是三昧已。見東方阿閦佛及妙喜國。了了分明。如是十方。各見諸佛上妙國土。了了分明。既見十方佛已。夢象頭上有一金剛人。以金剛杵徧擬六根。擬六根已。普賢菩薩。為於行者。說六根清淨懺悔之法。如是懺悔。一日至七日。以諸佛現前三昧力故。普賢菩薩說法莊嚴故。耳漸漸聞障外聲。眼漸漸見障外事。鼻漸漸聞障外香。廣說如妙法華經。得是六根清淨已。身心歡喜無諸惡相。心純是法。與法相應。復更得百千萬億旋陀羅尼。

復更廣見百千萬億無量諸佛。是諸世尊。各伸右手摩行者頭而作是言。善哉善哉。行大乘者。發大莊嚴心者。念大乘者。我等昔日發菩提心時。皆亦如汝慇懃不失。我等先世行大乘故。今成清淨正徧知身。汝今亦當勤修不懈。此大乘典諸佛寶藏。十方三世諸佛眼目。出生三世諸佛如來種。持此經者。即持佛身。即行佛事。當知是人。即是諸佛所使。諸佛世尊衣之所覆。諸佛如來真實法子。汝行大乘。不斷法種。汝今諦觀東方諸佛。說是語時。行者即見東方一切無量世界。地平如掌。無諸堆阜丘陵荊棘。琉璃為地。黃金間側。十方世界亦復如是。見是地已。即見寶樹。寶樹高妙五千由旬。其樹常出黃金白銀七寶莊嚴。樹下自然有寶師子座。其師子座。高二十由旬。座上亦出百寶光明。如是諸樹及餘寶座。一一寶座。皆有自然五百白象。象上皆有普賢菩薩。

爾時行者禮諸普賢。而作是言。我有何罪。但見寶地寶座及與寶樹。不見諸佛。作是語已。一一座上。有一世尊端嚴微妙。而坐寶座。見諸佛已。心大歡喜。復更誦習大乘經典。大乘力故。空中有聲而讚歎言。善哉。善哉。善男子。汝行大乘功德因緣。能見諸佛。今雖得見諸佛世尊。而不能見釋迦牟尼佛分身諸佛及多寶佛塔。

聞空中聲已，復勤誦習大乘經典。以誦大乘方等經故。即於夢中。見釋迦牟尼佛。與諸大眾。在耆闍崛山。說法華經。演一實義。教已懺悔。渴仰欲見。合掌胡跪向耆闍崛山。而作是言。如來世雄常在世間。愍念我故為我現身。作是語已。見耆闍崛山七寶莊嚴。無數比丘聲聞大眾。寶樹行列寶地平正。復鋪妙寶師子之座。釋迦牟尼佛放眉間光。其光徧照十方世界。復過十方無量世界。此光至處。十方分身釋迦牟尼佛。一時雲集。廣說如妙法華經。一一分身佛。身紫金色身量無邊。坐師子座。百億無量諸大菩薩。以為眷屬。一一菩薩。行同普賢。如此十方無量諸佛菩薩眷屬。亦復如是。

大眾集已。見釋迦牟尼佛舉身毛孔放金色光。一一光中有百億化佛。諸分身佛。放眉間白毫大人相光。其光流入釋迦牟尼佛頂。見此相時。分身諸佛一切毛孔。出金色光。一一光中。復有恒河沙微塵數化佛。

爾時普賢菩薩。復放眉間大人相光。入行者心。既入心已。行者自憶過去無數百千佛所。受持讀誦大乘經典。自見故身。了了分明。如宿命通等無有異。豁然大悟。得旋陀羅尼。百千萬億諸陀羅尼門。從三昧起。面見一切分身諸佛。眾寶樹下坐師子床。復見琉璃地。如蓮華聚。從下方空中踊出。一一華間。有微塵數菩薩。結跏趺坐。亦見普賢分身菩薩。在彼眾中讚歎大乘。時諸菩薩異口同音。教於行者清淨六根。或有說言。汝當念佛。或有說言。汝當念法。或有說言。汝當念僧。或有說言。汝當念戒。或有說言。汝當念施。或有說言。汝當念天。如此六法。是菩提心。生菩薩法。

汝今應當於諸佛前發露先罪。至誠懺悔。於無量世。眼根因緣貪著諸色。以著色故。貪愛諸塵。以愛塵故。受女人身。世世生處。惑著諸色。色壞汝眼。為恩愛奴。色使使汝經歷三界。為此弊使盲無所見。今誦大乘方等經典。此經中說。十方諸佛色身不滅。汝今得見審實爾不。眼根不善。傷害汝多。隨順我語。歸向諸佛。釋迦牟尼說汝眼根所有罪咎。諸佛菩薩慧明法水。願以洗除。令我清淨。作是語已。偏禮十方佛。向釋迦牟尼佛大乘經典。復說是言。我今所懺。眼根重罪障蔽穢濁。盲無所見。願佛大慈。哀愍覆護。普賢菩薩乘大法船。普度一切。十方無量諸菩薩伴。唯願慈哀。聽我悔過。眼根不善。惡業障法。如是三說。五體投地。正念大乘。心不忘捨。是名懺悔眼根罪法。

稱諸佛名。燒香散華。發大乘意。懸繒幡蓋。說眼過患懺悔罪者。此人現世見釋迦牟尼佛。及見分身無量諸佛。阿僧祇劫不墮惡道。大乘力故。大乘願故。恒與一切陀羅尼菩薩共為眷屬。作是念者是為正念。若他念者名為邪念。是名眼根初境界相。

淨眼根已。復更誦讀大乘經典。晝夜六時胡跪懺悔。而作是言。我今云何。但見釋迦牟尼佛。分身諸佛。不見多寶佛塔全身舍利。多寶佛塔恒在不滅。我濁惡眼。是故不見。作是語已。復更懺悔。過七日已。多寶佛塔從地涌出。釋迦牟尼佛。即以右手開其塔戶。見多寶佛入普現色身三昧。一一毛孔。流出恒河沙微塵數光明。一一光明。有百千萬億化佛。

此相現時。行者歡喜。讚偈繞塔滿七匝已。多寶如來出大音聲。讚言。法子。汝今真實能行大乘。隨順普賢眼根懺悔。以是因緣。我至汝所為汝證明。說是語已。讚言。善哉善哉。釋迦牟尼佛。能說大法。雨大法雨。成就濁惡諸眾生等。

是時行者。見多寶佛塔已。復至普賢菩薩所。合掌敬禮白言。大師教我悔過。普賢復言。汝於多劫。耳根因緣隨逐外聲。聞妙音時心生惑著。聞惡聲時起八百種煩惱賊害。如此惡耳。報得惡事。恒聞惡聲。生諸攀緣。顛倒聽故。當墮惡道邊地邪見不聞法處。汝於今日。誦持大乘功德海藏。以是緣故見十方佛。多寶佛塔現為汝證。汝應自當說己過惡。懺悔諸罪。

是時行者聞是語已。復更合掌五體投地而作是言。正徧知世尊。現為我證方等經典。為慈悲主。唯願觀我聽我所說。我從多劫乃至今身。耳根因緣聞聲惑著。如膠著草。聞諸惡時起煩惱毒。處處惑著。無暫停時。坐此竅聲。勞我神識。墜墮三塗。今始覺知。向諸世尊發露懺悔。既懺悔已。見多寶佛放大光明。其光金色。徧照東方及十方界。無量諸佛身真金色。東方空中作是唱言。此佛世尊。號曰善德。亦有無數分身諸佛。坐寶樹下師子座上。結跏趺坐。是諸世尊。一切皆入普現色身三昧。皆作是讚言。善哉善哉。善男子。汝今讀誦大乘經典。汝所誦者。是佛境界。

說是語已。普賢菩薩。復更為說懺悔之法。汝於前世。無量劫中。以貪香故。分別諸識。處處貪著。墮落生死。汝今應當觀大乘因。大乘因者。諸法實相。聞是語已。五體投地。復更懺悔。

既懺悔已當作是語。南無釋迦牟尼佛。南無多寶佛塔。南無十方釋迦牟尼佛分身諸佛。作是語已。偏禮十方佛。南無東方善德佛。及分身諸佛。如眼所見。一一心禮。香華供養。供養畢已。胡跪合掌。以種種偈讚歎諸佛。既讚歎已。說十惡業懺悔諸罪。

既懺悔已而作是言。我於先世無量劫時。貪香味觸。造作眾惡。以是因緣。無量世來。恒受地獄餓鬼畜生邊地邪見諸不善身。如此惡業今日發露。歸向諸佛正法之王。說罪懺悔。

既懺悔已。身心不懈。復更誦讀大乘經典。大乘力故。空中有聲。告言。法子。汝今應當向十方佛讚說大乘。於諸佛前自說己過。諸佛如來是汝慈父。汝當自說舌根所作不善惡業。此舌根者。動惡業相。妄言綺語惡口兩舌。誹謗妄語。讚歎邪見。說無益語。如是眾多諸雜惡業。搆鬪壞亂。法說非法。如是眾罪。今悉懺悔。諸世雄前。作是語已。五體投地。徧禮十方佛。合掌長跪。當作是語。此舌過患無量無邊。諸惡業刺從舌根出。斷正法輪從此舌起。如此惡舌斷功德種。於非義中多端強說。讚歎邪見如火益薪。猶如猛火傷害眾生。如飲毒者無瘡疣死。如此罪報惡邪不善。當墮惡道百劫千劫。以妄語故墮大地獄。我今歸向南方諸佛發露黑惡。

作是念時。空中有聲。南方有佛。名栴檀德。彼佛亦有無量分身。一切諸佛。皆說大乘除滅罪惡。如此眾罪。今向十方無量諸佛大悲世尊。發露黑惡誠心懺悔。說是語已。五體投地。復禮諸佛。是時諸佛。復放光明照行者身。令其身心自然歡喜。發大慈悲普念一切。

爾時諸佛廣為行者說大慈悲及喜捨法。亦教愛語。修六和敬。爾時行者。聞此教勅。心大歡喜。復更誦習。終不懈息。

空中復有微妙音聲。出如是言。汝今應當身心懺悔。身者殺盜婬。心者念諸不善。造十惡業及五無間。猶如猨猴。或如黐膠。處處貪著徧至一切六情根中。此六根業。枝條華葉。悉滿三界二十五有一切生處。亦能增長無明老死十二苦事。八邪八難無不經中。汝今應當懺悔如是惡不善業。

爾時行者聞此語已。問空中聲。我今何處行懺悔法。

時空中聲即說是語。釋迦牟尼名毘盧遮那偏一切處。其佛住處名常寂光。常波羅蜜所攝成處。我波羅蜜所安立處。淨波羅蜜滅有相處。樂波羅蜜不住身心相處。不見有無諸法相處。如寂解脫。乃至般若波羅蜜。是色常住法故。如是應當觀十方佛。

時十方佛各伸右手。摩行者頭作如是言。善哉善哉善男子。汝誦讀大乘經故。十方諸佛。說懺悔法菩薩所行。不斷結使。不住使海。觀心無心。從顛倒想起。如此想心。從妄想起。如空中風。無依止處。如是法相不生不滅。何者是罪。何者是福。我心自空。罪福無主。一切法如是。無住無壞。如是懺悔。觀心無心。法不住法中。諸法解脫。滅諦寂靜。如是想者。名大懺悔。名莊嚴懺悔。名無罪相懺悔。名破壞心識。行此懺悔者。身心清淨。不住法中。猶如流水。念念之中。得見普賢菩薩及十方佛。

時諸世尊。以大悲光明。為於行者說無相法。行者聞說第一義空。行者聞已。心不驚怖。應時即入菩薩正位。

佛告阿難。如是行者。名為懺悔。此懺悔者。十方諸佛。諸大菩薩。所懺悔法。

佛告阿難。佛滅度後。佛諸弟子。若有懺悔惡不善業。但當誦讀大乘經典。此方等經是諸佛眼。諸佛因是得具五眼。佛三種身從方等生。是大法印。印涅槃海。如此海中。能生三種佛清淨身。此三種身。人天福田應供中最。其有誦讀大方等典。當知此人具佛功德。諸惡永滅。從佛慧生。爾時世尊。而說偈言。

若有眼根惡　業障眼不淨　但當誦大乘　思念第一義　是名懺悔眼
盡諸不善業　耳根聞亂聲　壞亂和合義　由是起狂亂　猶如癡猨猴
但當誦大乘　觀法空無相　永盡一切惡　天耳聞十方　鼻根著諸香
隨染起諸觸　如此狂惑鼻　隨染生諸塵　若誦大乘經　觀法如實際

永離諸惡業　後世不復生　舌根起五種　惡口不善業　若欲自調順
應勤修慈心　思法真寂義　無諸分別相　心根如猨猴　無有暫停時
若欲折伏者　當勤誦大乘　念佛大覺身　力無畏所成　身為機關主
如塵隨風轉　六賊遊戲中　自在無罣礙　若欲滅此惡　永離諸塵勞
常處涅槃城　安樂心恬怕　當誦大乘經　念諸菩薩母　無量勝方便
從思實相得　如此等六法　名為六情根　一切業障海　皆從妄想生
若欲懺悔者　端坐念實相　眾罪如霜露　慧日能消除　是故應至心
懺悔六情根

說是偈已。佛告阿難。汝今持是懺悔六根觀普賢菩薩法。普為十方諸天世人。廣分別說。佛滅度後。佛諸弟子。若有受持讀誦解說方等經典。應於靜處。若在塚間。若林樹下。阿練若處。誦讀方等。思大乘義。念力強故。得見我身及多寶佛塔。十方分身無量諸佛。普賢菩薩。文殊師利菩薩。藥王菩薩。藥上菩薩恭敬法故。持諸妙華住立空中。讚歎恭敬。行持法者。但誦大乘方等經故。諸佛菩薩。晝夜供養是持法者。佛告阿難。我與賢劫諸菩薩及十方諸佛。因思大乘真實義故。除却百萬億億劫阿僧祇數生死之罪。因此勝妙懺悔法故。今於十方各得為佛。

若欲疾成阿耨多羅三藐三菩提者。若欲現身見十方佛及普賢菩薩。當淨澡浴著淨潔衣。燒眾名香。在空閑處。應當誦讀大乘經典。思大乘義。

佛告阿難。若有眾生。欲觀普賢菩薩者當作是觀。作是觀者是名正觀。若他觀者是名邪觀。佛滅度後。佛諸弟子。隨順佛語行懺悔者。當知是人行普賢行。行普賢行者。不見惡相及惡業報。其有眾生。晝夜六時禮十方佛。誦大乘經。思第一義甚深空法。一彈指頃。除去百萬億億阿僧祇劫生死之罪。行此行者。真是佛子。從諸佛生。十方諸佛及諸菩薩。為其和上。是名具足菩薩戒者。不須羯磨。自然成就。應受一切人天供養。

爾時行者。若欲具足菩薩戒者。應當合掌在空閑處。徧禮十方佛懺悔諸罪。自說己過。然後靜處。白十方佛。而作是言。

諸佛世尊常住在世。我業障故。雖信方等。見佛不了。今歸依佛。唯願釋迦牟尼正徧知世尊。為我和上。文殊師利具大慧者。願以智慧。授我清淨諸菩薩法。彌勒菩薩勝大慈日。憐愍我故。亦應聽我受菩薩法。十方諸佛。現為我證。諸大菩薩。各稱其名。是勝大士。覆護眾生。助護我等。今日受持方等經典。乃至失命。設墮地獄受無量苦。終不毀謗諸佛正法。以是因緣功德力故。今釋迦牟尼佛。為我和上。文殊師利。為我阿闍黎。當來彌勒。願授我法。十方諸佛願證知我。大德諸菩薩。願為我伴。我今依大乘經甚深妙義。歸依佛。歸依法。歸依僧。

如是三說。歸依三寶已。次當自誓受六重法。受六重法已。次當勤修無礙梵行。發廣濟心。受八重法。立此誓已。於空閑處。燒眾名香。散華。供養一切諸佛及諸菩薩大乘方等。而作是言。我於今日發菩提心。以此功德普度一切。作是語已。復更頂禮一切諸佛及諸菩薩。思方等義。一日乃至三七日。若出家在家。不須和上。不用諸師。不白羯磨。受持讀誦大乘經典力故。普賢菩薩勸發行故。是十方諸佛正法眼目。因由是法。自然成就五分法身。戒、定、慧、解脫、解脫知見。諸佛如來從此法生。於大乘經得受記別。

是故智者。若聲聞毀破三歸及五戒、八戒、比丘戒、比丘尼戒、沙彌戒、沙彌尼戒、式叉摩尼戒、及諸威儀。愚癡、不善、惡邪心故。多犯諸戒及威儀法。若欲除滅。令無過患。還為比丘。具沙門法。當勤修讀方等經典。思第一義甚深空法。令此空慧與心相應。當知此人。於念念頃。一切罪垢永盡無餘。是名具足沙門法式。具諸威儀。應受人天一切供養。

若優婆塞。犯諸威儀。作不善事。不善事者。所謂。說佛法過惡。論說四眾所犯惡事。偷盜婬妷無有慚愧。若欲懺悔。滅諸罪者。當勤讀誦方等經典。思第一義。

若王者、大臣、婆羅門、居士、長者、宰官。是諸人等。貪求無厭。作五逆罪。謗方等經。具十惡業。是大惡報。應墮惡道。過於暴雨。必定當墮阿鼻地獄。若欲除滅此業障者。應生慚愧。改悔諸罪。

云何名剎利居士懺悔法。懺悔法者。但當正心。不謗三寶。不障出家。不為梵行人作惡留難。應當繫念修六念法。亦當供給供養持大乘者。不必禮拜。應當憶念甚深經法第一義空。思是法者。是名剎利居士修第一懺悔。

第二懺悔者。孝養父母恭敬師長。是名修第二懺悔法。

第三懺悔者。正法治國。不邪枉人民。是名修第三懺悔。

第四懺悔者。於六齋日勅諸境內。力所及處。令行不殺。修如此法。是名修第四懺悔。

第五懺悔者。但當深信因果。信一實道。知佛不滅。是名修第五懺悔。

佛告阿難。於未來世。若有修習如此懺悔法。當知此人著慚愧服。諸佛護助。不久當成阿耨多羅三藐三菩提。說是語時。十千天子。得法眼淨。彌勒菩薩等諸大菩薩及以阿難。聞佛所說。歡喜奉行。

佛說觀普賢菩薩行法經

法華經普賢菩薩勸發品

姚秦三藏法師鳩摩羅什奉詔譯

爾時普賢菩薩以自在神通力，威德名聞。與大菩薩無量無邊不可稱數，從東方來。所經諸國，普皆震動。雨寶蓮華。作無量百千萬億種種伎樂。又與無數諸天龍，夜叉，乾闥婆，阿修羅，迦樓羅，緊那羅，摩睺羅伽，人非人等，大眾圍繞。各現威德神通之力。到娑婆世界耆闍崛山中。頭面禮釋迦牟尼佛。右繞七匝，白佛言。世尊。我於寶威德上王佛國，遙聞此娑婆世界說法華經。與無量無邊百千萬億諸菩薩眾，共來聽受。惟願世尊當為說之。若善男子善女人，於如來滅後，云何能得是法華經。

佛告普賢菩薩。若善男子善女人，成就四法。於如來滅後，當得是法華經。一者為諸佛護念。二者植眾德本。三者入正定聚。四者發救一切眾生之心。善男子善女人，如是成就四法。於如來滅後，必得是經。爾時普賢菩薩，白佛言。世尊。於後五百歲濁惡世中，其有受持是經典者。我當守護。除其衰患，令得安隱。使無伺求得其便者。若魔，若魔子，若魔女，若魔民，若為魔所著者，若夜叉，若羅剎，若鳩槃茶，若毗舍闍，若吉蔗，若富單那，若韋陀羅等。諸惱人者，皆不得便。是人若行若立，讀誦此經。我爾時乘六牙白象王，與大菩薩眾俱詣其所。而自現身，供養守護。安慰其心。亦為供養法華經故。是人若坐，思惟此經。爾時我復乘白象王，現其人前。其人若於法華經，有所忘失一句一偈。我當教之，與共讀誦，還令通利。爾時受持讀誦法華經者。得見我身。甚大歡喜。轉復精進。以見我故，即得三昧，及陀羅尼。名為旋陀羅尼。百千萬億旋陀羅尼。法音方便陀羅尼。得如是等陀羅尼。世尊。若後世後五百歲濁惡世中，比丘比丘尼，優婆塞優婆夷。求索者，受持者，讀誦者，書寫者。欲修習是法華經。於三七日中，應一心精進。滿三七日已。我當乘六牙白象，與無量菩薩而自圍繞。以一切眾生所喜見身，現其人前而為說法。示教利喜。亦復與其陀羅尼咒。得是陀羅尼故，無有非人能破壞者。亦不為女人之所惑亂。我身亦自常護是人。惟願世尊，聽我說此陀羅尼咒。即於佛前，而說咒曰：

阿檀地一 檀陀婆地二 檀陀婆帝三 檀陀鳩舍隸四 檀陀修陀隸五 修陀隸六 修陀羅婆底七 佛馱波羶禰八 薩婆陀羅尼阿婆多尼九 薩婆婆沙阿婆多尼十 修阿婆多尼十一 僧伽婆履叉尼十二 僧伽涅伽陀尼十三 阿僧祇十四 僧伽婆伽地十五 帝隸阿惰僧伽兜略盧遮切 阿羅帝波羅帝十六 薩婆僧伽地三摩地伽蘭地十七 薩婆達磨修波利剎帝十八 薩婆薩埵樓馱憍舍略阿㝹伽地十九 辛阿毗吉利地帝二十

世尊。若有菩薩得聞是陀羅尼者。當知普賢神通之力。若法華經行閻浮提。有受持者，應作此念。皆是普賢威神之力。若有受持讀誦，正憶念，解其義趣。如說修行。當知是人行普賢行。於無量無邊諸佛所。深種善根。為諸如來手摩其頭。若但書寫。是人命終，當生忉利天上。是時八萬四千天女，作眾伎樂而來迎之。其人即著七寶冠。於采女中娛樂快樂。何況受持讀誦，正憶念，解其義趣，如說修行。若有人受持讀誦解其義趣。是人命終，為千佛授手。令不恐怖，不墮惡趣。即往兜率天上彌勒菩薩所。彌勒菩薩，有三十二相大菩薩眾所共圍繞。有百千萬億天女眷屬而於中生。有如是等功德利益。是故智者，應當一心自書，若使人書，受持讀誦，正憶念，如說修行。世尊。我今神通力故，守護是經。於如來滅後，閻浮提內。廣令流布，使不斷絕。爾時釋迦牟尼佛讚言。善哉善哉。普賢。汝能護助是經。令多所眾生，安樂利益。汝已成就不可思議功德。深大慈悲。從久遠來，發阿耨多羅三藐三菩提意。而能作是神通之願，守護是經。我當以神通力，守護能受持普賢菩薩名者。普賢。若有受持讀誦，正憶念，修習書寫是法華經者。當知是人，則見釋迦牟尼佛。如從佛口聞此經典。當知是人，供養釋迦牟尼佛。當知是人，佛讚善哉。當知是人，為釋迦牟尼佛手摩其頭。當知是人，為釋迦牟尼佛衣之所覆。如是之人，不復貪著世樂。不好外道經書手筆。亦復不喜親近其人。及諸惡者。若屠兒，若畜豬羊雞狗，若獵師，若衒賣女色。是人心意質直。有正憶念。有福德力。是人不為三毒所惱。亦不為嫉妬我慢邪慢增上慢所惱。是人少欲知足。能修普賢之行。普賢。若如來滅後，後五百歲。若有人見受持讀誦法華經者。應作是念。此人不久當詣道場，破諸魔眾。得阿耨多羅三藐三菩提。轉法輪。擊法鼓。吹法螺。雨法雨。當坐天人大眾中師子法座上。普賢。若於後世，受持讀誦是經典者。是人不復貪著衣服臥具飲食資生之物。所願不虛。亦於現世得其福報。若有人輕毀之。言汝狂人耳。空作是行。終無所獲。如是罪報，當世世無眼。若有供養讚歎之者。當於今世得現果報。若復見受持是經者。出其過惡。若實若不實。此人現世得白癩病。若輕笑之者。當世世牙齒疎缺。醜脣平鼻。手腳繚戾。眼目角睞。身體臭穢。惡瘡膿血。水腹短氣。諸惡重病。是故普賢。若見受持是經典者。當起遠迎。當如敬佛。說是普賢勸發品時。恒河沙等無量無邊菩薩，得百千萬億旋陀羅尼。三千大千世界微塵等諸菩薩，具普賢道。佛說是經時。普賢等諸菩薩舍利弗等諸聲聞。及諸天龍人非人等。一切大會皆大歡喜。受持佛語，作禮而去。

楞嚴經普賢菩薩心聞法門

唐天竺沙門般剌密帝譯
南懷瑾先生語譯

普賢菩薩，即從座起，頂禮佛足，而白佛言。我已曾與恒沙如來為法王子。十方如來，教其弟子菩薩根者，修普賢行①，從我立名。世尊。我用心聞②，分別眾生所有知見。若於他方恒沙界外，有一眾生，心中發明普賢行者，我於爾時乘六牙象，分身百千，皆至其處。縱彼障深，未得見我。我與其人暗中摩頂，擁護安慰，令其成就。佛問圓通，我說本因，心聞發明，分別自在，斯為第一。

註①【普賢行】行彌法界曰普，位鄰極聖曰賢，凡具大根修菩薩行，皆名普賢行也。

註②【心聞】耳識也。

耳識界（心聲聞聽的修法）：普賢菩薩起立自述說：「我已經為過去無量數佛的法王子，一切十方世界的佛，教授他們的弟子修大乘菩薩道的根本時，都教他們修習普賢的行持。這種普賢的法門，乃由我而建立。」（普賢菩薩，舊譯又名普現。顧名思義，就是在一切處顯現的意義。普賢菩薩的修法，是代表大乘菩薩道的大行。有顯教密教修法的異同。但都是根據《華嚴經》的《普賢行願品》為基礎。密教修法，如金剛薩埵大法等，以咒語配合瑜伽觀想作行持。顯教修法，以身體力行為主。但一般修習念誦者，大多都是口裡唸過去，沒有深思力行他的功用。為了發心修習大乘道的人，有合法的修持，現在融會顯密修法的道理，述說他簡單的規範。凡是真實發心修習大乘佛道的人。首先要熟讀《普賢行願品》。當念習純熟以後，要深思他的意義與意境。然後把他所述說的十大行願，構成一種意境上的境界。例如以第一行願禮敬十方諸佛的法門來說：當你起身禮佛，或者在禪靜中，起意禮敬十方諸佛的時候，自己忘記身心的感覺，在意境上，構成一個沒有時間空間的廣大無邊的境界。意想十方諸佛都一一顯現在面前。每位佛前，都有一意境上化身的我，在佛前恭敬禮拜。依次如啟請、供養，一一都有我在前面，發聲讚歎，或者唸誦。每一行願，都要構成一種意境上實際的境象。這樣久而久之，意境形成妙有的實相。即有如普賢菩薩的寶相莊嚴，乘坐六牙白象，也宛然顯現，如在目前。可以參看《法華經》上的記述。但是意境上一念收回，即如這些所有現象，也完全寂滅不生。身心都不執著，自然歸於了無所有的寂滅性相之中。至於其中的真空妙有，緣起性空的至理，也就可以在這種修法上去體會印證了。）

普賢菩薩又說：「我用這種心聞修法的結果，能夠分別一切眾生的所有知見與意念。縱使在無量數的遠方世界以外，有一個眾生，他的心裡能夠發心修習此法。我就在那時，乘六牙白象，分出百千個化身，到他的面前。即使他們業障深重，一時不能夠見到我，我也為他們暗中摩頂，愛護他，輔助他，使他漸漸的有所成就。佛現在要問我們修什麼方法，方能圓滿通達佛的果地。我現在說出從前開始學佛，是用這心聲聞法的方法，發明悟了澄澈的自性，並且能夠發生妙用，可以自在地運用分別心，才是第一妙法。」（心聲等於是說心理電波的交感作用，可與現在心靈交感來參考研究。）

（節錄自《楞嚴大義今釋》）

附錄二

諸佛菩薩之行願與修行法門

東方藥師琉璃光如來十二大願

爾時。曼殊室利法王子。承佛威神。從座而起。偏袒一肩。右膝著地。向薄伽梵。曲躬合掌白言。世尊。惟願演說如是相類諸佛名號。及本大願殊勝功德。令諸聞者業障銷除。為欲利樂像法轉時諸有情故。

爾時。世尊讚曼殊室利童子言。善哉。善哉。曼殊室利。汝以大悲。勸請我說諸佛名號。本願功德。為拔業障所纏有情。利益安樂。像法轉時諸有情故。汝今諦聽。極善思惟。當為汝說。曼殊室利言。唯然願說。我等樂聞。

佛告曼殊室利。東方去此過十殑伽沙等佛土。有世界名淨琉璃。佛號藥師琉璃光如來。應正等覺。明行圓滿。善逝。世間解。無上士。調御丈夫。天人師。佛。薄伽梵。曼殊室利。彼世尊藥師琉璃光如來。本行菩薩道時。發十二大願。令諸有情。所求皆得。

第一大願。願我來世。得阿耨多羅三藐三菩提時。自身光明。熾然照耀無量無數無邊世界。以三十二大丈夫相。八十隨形好。莊嚴其身。令一切有情。如我無異。

第二大願。願我來世得菩提時。身如琉璃。內外明徹。淨無瑕穢。光明廣大。功德巍巍。身善安住。燄網莊嚴。過於日月。幽冥眾生。悉蒙開曉。隨意所趣。作諸事業。

第三大願。願我來世得菩提時。以無量無邊智慧方便。令諸有情。皆得無盡所受用物。莫令眾生有所乏少。

第四大願。願我來世得菩提時。若諸有情行邪道者。悉令安住菩提道中。若行聲聞獨覺乘者。皆以大乘而安立之。

第五大願。願我來世得菩提時。若有無量無邊有情。於我法中修行梵行。一切皆令得不缺戒。具三聚戒。設有毀犯。聞我名已。還得清淨。不墮惡趣。

第六大願。願我來世得菩提時。若諸有情。其身下劣。諸根不具。醜陋頑愚。盲聾瘖瘂。攣躄背僂。白癩癲狂。種種病苦。聞我名已。一切皆得端正黠慧。諸根完具。無諸疾苦。

第七大願。願我來世得菩提時。若諸有情。眾病逼切。無救無歸。無醫無藥。無親無家。貧窮多苦。我之名號。一經其耳。眾病悉除。身心安樂。家屬資具。悉皆豐足。乃至證得無上菩提。

第八大願。願我來世得菩提時。若有女人。為女百惡之所逼惱。極生厭離。願捨女身。聞我名已。一切皆得轉女成男。具丈夫相。乃至證得無上菩提。

第九大願。願我來世得菩提時。令諸有情。出魔羂網。解脫一切外道纏縛。若墮種種惡見稠林。皆當引攝置於正見。漸令修習諸菩薩行。速證無上正等菩提。

第十大願。願我來世得菩提時。若諸有情。王法所錄。繩縛鞭撻。繫閉牢獄。或當刑戮。及餘無量災難凌辱。悲愁煎逼。身心受苦。若聞我名。以我福德威神力故。皆得解脫。一切憂苦。

第十一大願。願我來世得菩提時。若諸有情。飢渴所惱。為求食故造諸惡業。得聞我名。專念受持。我當先以上妙飲食。飽足其身。後以法味。畢竟安樂而建立之。

第十二大願。願我來世得菩提時。若諸有情。貧無衣服。蚊虻寒熱。晝夜逼惱。若聞我名。專念受持。如其所好。即得種種上妙衣服。亦得一切寶莊嚴具。華鬘塗香。鼓樂眾伎。隨心所翫。皆令滿足。

曼殊室利。是為彼世尊。藥師琉璃光如來。應正等覺。行菩薩道時。所發十二微妙上願。

（節錄自《藥師琉璃光如來本願功德經》）

西方極樂世界阿彌陀佛四十八大願

佛言。次有佛名世自在王如來。應供。等正覺。明行足。善逝。世間解。無上士。調御丈夫。天人師。佛。世尊。十號具足。在世教化四十二劫。爾時有大國王。聞佛說法。喜悅開悟。即棄王位。往作沙門。號法藏比丘。高才智慧勇猛無能及者。詣彼佛所。稽首禮足。右繞三匝。長跪合掌。以偈讚佛。

如來妙色相　世間無等倫　遠勝日摩尼　火月清淨水
威神無有極　名聲震十方　皆有三昧力　精進成智慧
持覺若溟海　深廣無涯底　無明與貪恚　冰釋已無餘
從是超世間　歎仰不能已　端如好樹華　莫不愛樂者
處處人民見　一切皆歡喜　布施及淨戒　忍辱并精進
禪定大智慧　吾誓得此事　一切諸恐懼　普為獲大安

過度諸生死　無不解脫者　我至作佛時　種種如法王
假使恒沙數　諸佛悉供養　不如求正覺　堅勇必成就
能使無量剎　光明普照耀　濟度越恒沙　威德誰可量
我剎極莊嚴　華好獨超卓　凡欲來生者　清淨安以樂
度脫永無窮　幸佛作明證　發願既如是　力行無懈怠
雖居苦毒中　忍之終不悔

佛言。爾時法藏比丘說此偈已。復白世自在王佛言。世尊。我發無上菩提之心。願作佛時。於十方無央數佛中為最。智慧勇猛。頂中光明照耀十方無有窮極。所居剎土。自然七寶。極明麗溫柔。我化度名號。皆聞於十方無央數世界。莫有不聞知者。諸無央數諸天人民。以至蜎飛蠕動之類。來生我剎者。悉作菩薩聲聞。其數不可窮盡。比諸佛世界悉皆勝之。如是者寧可得否。時世自在王佛知其智識高明。心願廣大。即為說言譬如大海一人斗量歷劫不止。尚可見底。況人至心求道精進不止。何求不得。何願不遂。時法藏比丘。聞佛所說。則大歡喜。佛乃選擇二千一百萬佛剎中。諸天人民之善惡。國土之麤妙。隨其心願悉令顯現。法藏即一其心。遂得天眼莫不徹見。佛言。爾時。法藏比丘。乃往一靜處。其心寂然。俱無所著。默坐思惟。攝取彼諸佛剎清淨之行。如彼修持。復詣佛所而白佛言。世尊。我已攝取二千一百萬佛剎。所以莊嚴國土。清淨之行。願有敷陳。惟佛聽察。彼佛告言。善哉。汝可具說。諸菩薩眾。聞汝志願。因以警策。亦能於諸佛剎修習莊嚴。法藏白言。

第一願。我作佛時。我剎中無地獄餓鬼禽畜。以至蜎飛蠕動之類。不得是願終不作佛。

第二願。我作佛時。我剎中無婦女。無央數世界諸天人民。以至蜎飛蠕動之類。來生我剎者。皆於七寶水池蓮花中化生。不得是願終不作佛。

第三願。我作佛時。我剎中人欲得食時。七寶鉢中百味飲食化現在前。食已。器用自然化去。不得是願終不作佛。

第四願。我作佛時。我剎中人所欲衣服。隨念即至。不假裁縫擣染浣濯。不得是願終不作佛。

第五願。我作佛時。我剎中自地以上至於虛空。皆有宅宇宮殿樓閣。池流花樹悉以無量雜寶。百千種香。而共合成嚴飾奇妙。殊勝超絕。其香普熏十方世界。眾生聞是香者皆修佛行。不得是願終不作佛。

第六願。我作佛時。我剎中人皆心相愛敬。無相憎嫉。不得是願終不作佛。

第七願。我作佛時。我剎中人盡無淫佚瞋怒愚癡之心。不得是願終不作佛。

第八願。我作佛時。我剎中人皆同一善心。無惑他念。其所欲言。皆預相知意。不得是願終不作佛。

第九願。我作佛時。我剎中人皆不聞不善之名。況有其實。不得是願終不作佛。

第十願。我作佛時。我剎中人知身如幻。無貪著心。不得是願終不作佛。

第十一願。我作佛時。我刹中雖有諸天與世人之異。而其形容皆一類金色。面目端正淨好。無復醜異。不得是願終不作佛。

第十二願。我作佛時。假令十方無央數世界諸天人民。以至蜎飛蠕動之類。皆得為人。皆作緣覺聲聞。皆坐禪一心。共欲計數我年壽幾千億萬劫。無有能知者。不得是願終不作佛。

第十三願。我作佛時。假令十方各千億世界中諸天人民。以至蜎飛蠕動之類。皆得為人。皆作緣覺聲聞。皆坐禪一心。共欲計數我刹中人數有幾千億萬。無有能知者。不得是願終不作佛。

第十四願。我作佛時。我刹中人壽命皆無央數劫。無有能計知其數者。不得是願終不作佛。

第十五願。我作佛時。我刹中人所受快樂。一如漏盡比丘。不得是願終不作佛。

第十六願。我作佛時。我刹中人住正信位。離顛倒想。遠離分別。諸根寂靜。所止盡般泥洹。不得是願終不作佛。

第十七願。我作佛時。說經行道十倍於諸佛。不得是願終不作佛。

第十八願。我作佛時。我剎中人盡通宿命。知百千億那由他劫事。不得是願終不作佛。

第十九願。我作佛時。我剎中人盡得天眼。見百千億那由他世界。不得是願終不作佛。

第二十願。我作佛時。我剎中人盡得天耳。聞百千億那由他諸佛說法。悉能受持。不得是願終不作佛。

第二十一願。我作佛時。我剎中人得他心智。知百千億那由他世界眾生心念。不得是願終不作佛。

第二十二願。我作佛時。我剎中人盡得神足。於一念頃。能超過百千億那由他世界。不得是願終不作佛。

第二十三願。我作佛時。我名號聞於十方無央數世界。諸佛各於大眾中稱我功德及國土之勝。諸天人民以至蜎飛蠕動之類。聞我名號乃慈心喜悅者。皆令來生我剎。不得是願終不作佛。

第二十四願。我作佛時。我頂中光明絕妙。勝如日月之明百千億萬倍。不得是願終不作佛。

第二十五願。我作佛時。光明照諸無央數天下幽明之處。皆當大明。諸天人民以至蜎飛蠕動之類。見我光明莫不慈心作善。皆令來生我國。不得是願終不作佛。

第二十六願。我作佛時。十方無央數世界諸天人民。以至蜎飛蠕動之類。蒙我光明觸其身者。身心慈和過諸天人。不得是願終不作佛。

第二十七願。我作佛時。十方無央數世界諸天人民。有發菩提心。奉持齋戒。行六波羅蜜。修諸功德。至心發願欲生我剎。臨壽終時。我與大眾現其人前。引至來生作不退轉地菩薩。不得是願終不作佛。

第二十八願。我作佛時。十方無央數世界諸天人民聞我名號。燒香散華。燃燈懸繒。飯食沙門。起立塔寺。齋戒清淨。益作諸善。一心繫念於我。雖止於一晝夜不絕。亦必生我剎。不得是願終不作佛。

第二十九願。我作佛時。十方無央數世界諸天人民。至心信樂欲生我剎。十聲念我名號必遂來生。惟除五逆誹謗正法。不得是願終不作佛。

第三十願。我作佛時。十方無央數世界諸天人民。以至蜎飛蠕動之類。前世作惡。聞我名號。即懺悔為善。奉持經戒。願生我剎。壽終皆不經三惡道。徑遂來生。一切所欲無不如意。不得是願終不作佛。

第三十一願。我作佛時。十方無央數世界諸天人民。聞我名號。五體投地稽首作禮。喜悅信樂修菩薩行。諸天世人莫不致敬。不得是願終不作佛。

第三十二願。我作佛時。十方無央數世界有女人聞我名號。喜悅信樂發菩提心。厭惡女身。壽終之後其身不復為女。不得是願終不作佛。

第三十三願。我作佛時。凡生我剎者一生遂補佛處。惟除本願欲往他方設化眾生。修菩薩行。供養諸佛。即自在往生。我以威神之力。令彼教化一切眾生皆發信心。修菩提行。普賢行。寂滅行。淨梵行。最勝行。及一切善行。不得是願終不作佛。

第三十四願。我作佛時。我剎中人欲生他方者。如其所願。不復墜於三惡道。不得是願終不作佛。

第三十五願。我作佛時。剎中菩薩以香華旛蓋。真珠瓔珞。種種供具。欲往無量世界供養諸佛。一食之頃即可徧至。不得是願終不作佛。

第三十六願。我作佛時。剎中菩薩欲萬種之物。供養十方無央數佛。即自然在前。供養既徧。是日未午即還我剎。不得是願終不作佛。

第三十七願。我作佛時。剎中菩薩受持經法諷誦宣說必得辯才智慧。不得是願終不作佛。

第三十八願。我作佛時。剎中菩薩能演說一切法其智慧辯才不可限量。不得是願終不作佛。

第三十九願。我作佛時。剎中菩薩得金剛那羅延力。其身皆紫磨金色。具三十二相八十種好。說經行道無異於諸佛。不得是願終不作佛。

第四十願。我作佛時。剎中清淨照見十方無量世界。菩薩欲於寶樹中。見十方一切嚴淨佛剎。即時應現。猶如明鏡覩其面相。不得是願終不作佛。

第四十一願。我作佛時。剎中菩薩雖少功德者。亦能知見我道場樹高四千由旬。不得是願終不作佛。

第四十二願。我作佛時。刹中諸天世人及一切萬物。皆嚴淨光麗。形色殊特。窮微極妙。無能稱量者。眾生雖得天眼。不能辨其名數。不得是願終不作佛。

第四十三願。我作佛時。我刹中人隨其志願所欲聞法。皆自然得聞。不得是願終不作佛。

第四十四願。我作佛時。我刹中菩薩聲聞皆智慧威神。頂中皆有光明。語音鴻暢。說經行道無異於諸佛。不得是願終不作佛。

第四十五願。我作佛時。他方世界諸菩薩聞我名號。歸依精進。皆逮得清淨。解脫三昧。住是三昧一發意頃。供養不可思議諸佛而不失定意。不得是願終不作佛。

第四十六願。我作佛時。他方世界諸菩薩聞我名號。歸依精進。皆逮得普等三昧。住是三昧至于成佛。常見無量不可思議一切諸佛。不得是願終不作佛。

第四十七願。我作佛時。他方世界諸佛菩薩聞我名號。歸依精進。即得至不退轉地。不得是願終不作佛。

第四十八願。我作佛時。他方世界諸菩薩聞我名號。歸依精進。即得至第一忍。第二忍。第三法忍。於諸佛法永不退轉。不得是願終不作佛。

佛言。爾時法藏比丘。發此願已。復說偈言。

我今對佛前　特發誠實願　如獲十力身　威德無能勝
復為大國王　富豪而自在　常施諸財寶　利樂於貧苦
盡令諸眾生　長夜無憂惱　發生眾善根　長養菩提果
我至成佛時　名聲超十方　人天欣得聞　俱來生我剎
我以智慧光　廣照無央界　除滅諸有情　貪瞋煩惱暗
地獄鬼畜生　亦生我剎中　一切來生者　修習清淨行
如佛金色身　妙相悉圓滿　還以大慈心　普濟諸沉溺
我於未來世　當作天人師　百億世界中　說法師子吼
一切聞音者　解悟復圓明　又如過去佛　所行慈愍行

度脫諸有情　已無量無邊　我行亦如斯　咸使登覺岸

此願若克果　大千應震動　虛空諸天神　必雨珍妙華

（節錄自《佛說大彌陀經》）

大智文殊菩薩十大願

一者大願。若有一切眾生所生三界或我作他作隨緣受化。四空五淨之主。八定四禪之主。梵王六欲之主。帝釋諸天之主。四天四輪之主。諸神龍王之主。八部鬼神之主。守護佛法之主。伽藍宮殿之主。四大持世之主。金剛堅牢之主。護國善神之主。大國小國之主。粟散世王之主。統領諸軍主。都攝所守主。所有水陸四生胎卵濕化。九類蠢動一切含靈。同生三世願佛知見。或未聞我名令願得聞。及聞我名於我法中。令一切有情盡發菩提。迴向大乘修無上道。若有眾生以法藥世醫。救療諸疾。曆數算計工巧博弈。世典文筆歌詠讚歎。講論戲處導以度人。隨類同事接引世俗。令發菩提正見正授。共我有緣。得入佛道。

二者大願。若有眾生。毀謗於我。瞋恚於我。刑害殺我。是人於我自他。常生怨恨不能得解。願共我有緣。令發菩提之心。

三者大願。若有眾生愛念我身。欲心見我。求得於我。於我身上。於他身上。盛行諂曲邪見顛倒。及生淨行不淨行諸惡不善。願共有緣。令發菩提之心。

四者大願。若有眾生。輕慢於我。疑慮於我。枉壓於我。誑妄於我。毀謗三寶。憎嫉賢良。欺凌一切常生不善。共我有緣。令發菩提之心。

五者大願。若有眾生。賤我薄我慚我愧我。敬重於我不敬於我。妨我不妨我用我不用我。取我不取我。求我不求我。要我不要我。從我不從我。見我不見我。悉願共我有緣。令發菩提之心。

六者大願。若有眾生。常生殺命。作屠兒魁膾畋獵漁捕。怨命現前更相殺害。無有斷絕世世相報。殺心熾盛。不生悔過。賣肉取財。自養性命。如此之心者。永失人身。不相捨離報對。如是令發菩提之心。若有他人取我財物。我與財物。或施我財物。我施財物。所得財物及不得者。於我有緣。令發菩提之心。

七者大願。若有眾生。供養我者。我供養他者。或我造他造寺舍僧房伽藍佛塔禪房蘭若獨靜之處。或我造他造一切功德。及造菩薩諸佛形像。令他布施修立福祐。徧於法界。迴向一切諸佛菩提。令一切有情同霑此福。及有他人自己朋友同伴師長弟子。修行苦行節身斷食。持戒破戒有行無行。和尚阿闍黎教導稱說。聽受我教。我受他教。同行同業。共我有緣。令發菩提之心。

八者大願。若有眾生廣造諸罪。墮於地獄無有出期。經無量劫受諸苦惱。從地獄出生於五趣。先作畜生將命還於前生。負物作駝驢猪狗牛羊象馬奴婢僕從。償他宿債。累劫賠命。還他偷盜。無有休息。我於五道隨形受化。常生同世教化於人。或作貧窮困苦盲聾瘖瘂最下乞人。於一切眾生眾中。同類同緣同事同行同業導引得入佛道。共我有緣。令發菩提之心。

九者大願。若有眾生。縱恣身心。我慢貢高。故於我法中污涅佛法。師長弟子無慚無愧。用僧佛錢菩薩財物。殺生偷盜邪行。妄語綺語惡口兩舌。鬪亂縱恣貪瞋。不揀良善。劫奪他財。拒諱謾人。不識善惡。廣造十惡一切諸罪。死墮阿鼻。入諸地獄。從地獄出。輪還六處。入生死海諸趣惡道。願共有緣。同業同道。隨緣化變。當以救之令得出離。共我有緣。發菩提心求無上道。

十者大願。若有眾生當於我法。若我有緣若我無緣。同我大願則是我身。共我無別。行四無量心。心等虛空。廣度有情無有休歇。願達菩提。登正覺路。大聖曼殊以聖性願力。不入三界亦不出三界。心如虛空。常在如來清淨性海真如藏中。安住法界。徧在眾生心識體性。曼殊室利言。我有大願以聖性力。加持有情。令罪垢消滅。得入菩提諸佛聖果。則是名菩薩十種大願。如是曼殊發廣大願已。三千大千世界六種震動。天雨曼陀羅華徧滿虛空。其時大會諸眾盡見其華。同時讚歎曼殊大士。聖力自在不可思議不可言說。爾時諸大會眾咸皆歡喜信受奉行。

（節錄自《大乘瑜伽金剛性海曼殊室利千臂千鉢大教王經》卷第一）

大悲觀世音菩薩圓通法門與卅二應身

爾時觀世音菩薩，即從座起，頂禮佛足，而白佛言。世尊。憶念我昔無數恒河沙劫，於時有佛出現於世，名觀世音。我於彼佛發菩提心。彼佛教我從聞思修，入三摩地。初於聞中，入流亡所。所入既寂。動靜二相了然不生。如是漸增。聞所聞盡。盡聞不住。覺所覺空。空覺極圓。空所空滅。生滅既滅。寂滅現前。忽然超越世出世間。十方圓明。獲二殊勝。一者，上合十方諸佛本妙覺心，與佛如來同一慈力。二者，下合十方一切六道眾生，與諸眾生同一悲仰。世尊。由我供養觀音如來。蒙彼如來，授我如幻聞熏聞修金剛三昧，與佛如來同慈力故。令我身成三十二應，入諸國土。

世尊。若諸菩薩，入三摩地，進修無漏，勝解現圓。我現佛身而為說法，令其解脫。

若諸有學，寂靜妙明，勝妙現圓。我於彼前現獨覺身，而為說法，令其解脫。

若諸有學，斷十二緣，緣斷勝性，勝妙現圓。我於彼前現緣覺身，而為說法，令其解脫。

若諸有學，得四諦空，修道入滅，勝性現圓。我於彼前現聲聞身，而為說法，令其解脫。

若諸眾生，欲心明悟，不犯欲塵，欲身清淨。我於彼前現梵王身，而為說法，令其解脫。

若諸眾生，欲為天主，統領諸天。我於彼前現帝釋身，而為說法，令其成就。

若諸眾生，欲身自在遊行十方，我於彼前現自在天身，而為說法，令其成就。

若諸眾生，欲身自在飛行虛空。我於彼前現大自在天身，而為說法，令其成就。

若諸眾生，愛統鬼神，救護國土。我於彼前現天大將軍身，而為說法，令其成就。

若諸眾生，愛統世界，保護眾生。我於彼前現四天王身，而為說法，令其成就。

若諸眾生，愛生天宮，驅使鬼神。我於彼前現四天王國太子身，而為說法，令其成就。

若諸眾生，樂為人王。我於彼前現人王身，而為說法，令其成就。

若諸眾生，愛主族姓，世間推讓。我於彼前現長者身，而為說法，令其成就。

若諸眾生，愛談名言，清淨自居。我於彼前現居士身，而為說法，令其成就。

若諸眾生，愛治國土，剖斷邦邑。我於彼前現宰官身，而為說法，令其成就。

若諸眾生，愛諸數術，攝衛自居。我於彼前現婆羅門身，而為說法，令其成就。

若有男子，好學出家，持諸戒律。我於彼前現比丘身，而為說法，令其成就。

成就。

若有女人，好學出家，持諸禁戒。我於彼前現比丘尼身，而為說法，令其成就。

若有男子，樂持五戒。我於彼前現優婆塞身，而為說法，令其成就。

若有女子，五戒自居。我於彼前現優婆夷身，而為說法，令其成就。

若有女人，內政立身，以修家國。我於彼前現女主身，及國夫人命婦大家（音姑），而為說法，令其成就。

若有眾生，不壞男根。我於彼前現童男身，而為說法，令其成就。

若有處女，愛樂處身，不求侵暴。我於彼前現童女身，而為說法，令其成就。

若有諸天，樂出天倫。我現天身而為說法，令其成就。

若有諸龍，樂出龍倫。我現龍身而為說法，令其成就。

若有藥叉，樂度本倫。我於彼前現藥叉身，而為說法，令其成就。

若乾闥婆，樂脫其倫。我於彼前現乾闥婆身，而為說法，令其成就。

若阿修羅，樂脫其倫。我於彼前現阿修羅身，而為說法，令其成就。

若緊那羅，樂脫其倫。我於彼前現緊那羅身，而為說法，令其成就。

若摩呼羅伽，樂脫其倫。我於彼前現摩呼羅伽身，而為說法，令其成就。

《正脈疏》云：天龍八部今但七部闕迦樓羅即金翅鳥

若諸眾生，樂人修人。我現人身而為說法，令其成就。

若諸非人，有形無形，有想無想，樂度其倫。我於彼前皆現其身，而為說法，令其成就。

是名妙淨三十二應，入國土身。皆以三昧聞熏聞修無作妙力，自在成就。

世尊。我復以此聞熏聞修，金剛三昧無作妙力。與諸十方三世六道一切眾生，同悲仰故。令諸眾生，於我身心，獲十四種無畏功德。

一者，由我不自觀音以觀去聲觀者。令彼十方苦惱眾生，觀其音聲，即得解脫。

二者，知見旋復。令諸眾生。設入大火，火不能燒。

三者，觀聽旋復。令諸眾生。大水所漂，水不能溺。

四者，斷滅妄想。心無殺害。令諸眾生，入諸鬼國，鬼不能害。

五者，熏聞成聞，六根銷復，同於聲聽。能令眾生，臨當被害，刀段段壞。使其兵戈，猶如割水，亦如吹光，性無搖動。

六者，聞熏精明，明偏法界，則諸幽暗性不能全。能令眾生，藥叉，羅剎，鳩槃荼鬼，及毘舍遮，富單那等。雖近其傍。目不能視。

七者，音性圓銷，觀聽返入，離諸塵妄，能令眾生，禁繫枷鎖，所不能著。

八者，滅音圓聞，偏生慈力。能令眾生，經過險路，賊不能劫。

九者，熏聞離塵，色所不劫。能令一切多婬眾生，遠離貪欲。

十者，純音無塵，根境圓融，無對所對。能令一切忿恨眾生，離諸瞋恚。

十一者，銷塵旋明，法界身心，猶如瑠璃，朗徹無礙。能令一切昏鈍性障諸阿顛迦，永離癡暗。

十二者，融形復聞，不動道場，涉入世間。不壞世界，能徧十方。供養微塵諸佛如來。各各佛邊為法王子。能令法界無子眾生。欲求男者，誕生福德智慧之男。

十三者，六根圓通，明照無二，含十方界。立大圓鏡空如來藏。承順十方微塵如來。祕密法門，受領無失。能令法界無子眾生，欲求女者，誕生端正福德柔順，眾人愛敬有相之女。

十四者，此三千大千世界，百億日月，現住世間諸法王子，有六十二恒河沙數，修法垂範，教化眾生，隨順眾生，方便智慧，各各不同。由我所得圓通本根，發妙耳門。然後身心微妙含容，周徧法界。能令眾生持我名號，與彼共持六十二恒河沙諸法王子，二人福德，正等無異。世尊，我一名號，於彼眾多名號無異。由我修習得真圓通。

是名十四施無畏力，福備眾生。

世尊。我又獲是圓通，修證無上道故，又能善獲四不思議無作妙德。

一者，由我初獲妙妙聞心，心精遺聞，見聞覺知不能分隔，成一圓融清淨寶覺。故我能現眾多妙容，能說無邊祕密神咒。其中或現一首三首五首七首九首十一首，如是乃至一百八首，千首萬首，八萬四千爍迦羅首。二臂四臂六臂八臂十臂十二臂，十四十六十八二十至二十四，如是乃至一百八臂，千臂萬臂，八萬四千母陀羅臂。二目三目四目九目。如是乃至一百八目，千目萬目，八萬四千清淨寶目。或慈或威，或定或慧。救護眾生。得大自在。

二者，由我聞思，脫出六塵，如聲度垣，不能為礙。故我妙能現一一形，誦一一咒。其形其咒，能以無畏施諸眾生。是故十方微塵國土，皆名我為施無畏者。

三者，由我修習本妙圓通清淨本根。所遊世界，皆令眾生捨身珍寶，求我哀愍。

四者，我得佛心，證於究竟。能以珍寶種種，供養十方如來，傍及法界六道眾生。求妻得妻，求子得子。求三昧得三昧。求長壽得長壽。如是乃至求大涅槃得大涅槃。

佛問圓通，我從耳門圓照三昧，緣心自在，因入流相，得三摩提，成就菩提，斯為第一。世尊彼佛如來，歎我善得圓通法門。於大會中，授記我為觀世音號。由我觀聽十方圓明。故觀音名徧十方界。

（節錄自《大佛頂首楞嚴經》卷六）

大願地藏王菩薩之聖德大願

爾時地藏王菩薩摩訶薩，以妙伽他禮讚佛已。與諸眷屬，復持無量天妙香花、種種寶飾、而散佛上，變成寶蓋，住虛空中。為聽法故，即於佛前儼然而坐。

爾時一切諸來大眾，既見地藏菩薩摩訶薩已，皆獲希奇，得未曾有，各持種種上妙香花、寶飾衣服、幢幡蓋等，奉散地藏菩薩摩訶薩而為供養，皆作是言：我等今者快得善利，因佛神力，親得瞻仰，禮敬供養如是大士。

爾時眾中，有菩薩摩訶薩，名好疑問，從座而起，整理衣服，偏袒一肩，禮佛雙足，右膝著地，合掌向佛，而白佛言：世尊！此善男子從何而來？所居佛國，去此遠近，成就何等功德善根？而蒙世尊種種稱歎。復能讚佛不可思議功德法海，我等昔來，未曾聞見，唯願為說。

世尊告曰：止！善男子，如是大士功德善根，一切世間天人大眾，皆不能測其量淺深；若聞如來，為汝廣說如是大士功德善根，一切世間天人大眾，皆生迷悶，或不信受。

時好疑問復重請言：唯願如來，哀愍為說。佛言：諦聽！善思念之！吾當為汝略說少分。

如是大士，成就無量不可思議殊勝功德，已能安住首楞伽摩勝三摩地，善能悟入如來境界，以得最勝無生法忍，於諸佛法已得自在，已能堪忍一切智位，已能超度一切智海，已能安住師子奮迅幢三摩地，善能登上一切智山，已能摧伏外道邪論。為欲成熟一切有情，所在佛國，悉皆止住。

如是大士，隨所止住諸佛國土，隨所安住諸三摩地，發起無量殊勝功德，成就無量所化有情。

如是大士，隨住如是諸佛國土，若入能發智定，由此定力，令彼佛土一切有情，皆悉同見諸三摩地所行境界。

隨住如是諸佛國土，若入具足無邊智定，由此定力，令彼佛土一切有情，隨其所應，能以無量上妙供具，恭敬供養諸佛世尊。

隨住如是諸佛國土，若入具足清淨智定，由此定力，令彼佛土一切有情，皆悉同見諸欲境界，無量過患，心得清淨。
隨住如是諸佛國土，若入具足慚愧智定，由此定力，令彼佛土一切有情，皆得具足增上慚愧，離諸惡法，心無忘失。
隨住如是諸佛國土，若入具足諸乘明定，由此定力，令彼佛土一切有情，皆得善巧天眼智通，宿住智通，死生智通，了達此世他世因果。
隨住如是諸佛國土，若入無憂神通明定，由此定力，令彼佛土一切有情，皆離一切愁憂昏昧。
隨住如是諸佛國土，若入具足勝通明定，由此定力，令彼佛土一切有情，皆得具足神通善巧。
隨住如是諸佛國土，若入普照諸世間定，由此定力，令十方界離諸昏暗，令彼佛土一切有情，普見十方諸佛國土。
隨住如是諸佛國土，若入諸佛燈炬明定，由此定力，令彼佛土一切有情，捨邪歸依，歸正三寶。
隨住如是諸佛國土，若入金剛光定，由此定力，令彼佛土，所有一切小輪圍山、大輪圍山、蘇迷盧山、及諸餘山，谿澗溝壑、瓦礫毒刺、諸穢草木，皆悉不現；令彼佛土，所有一切眾邪蠱毒、諸惡蟲獸、災橫疫癘、昏暗塵垢、不淨臭穢，悉皆銷滅；令彼佛土，地平如掌，種種嘉祥，自然踊現，清淨殊勝眾相莊嚴。

隨住如是諸佛國土，若入智力難摧伏定，由此定力，令彼佛土一切魔王、及諸眷屬，皆悉驚怖，歸依三寶。

隨住如是諸佛國土，若入電光明定，由此定力，令彼佛土一切有情，皆悉遠離後世恐怖，得法安慰。

隨住如是諸佛國土，若入具足上妙味定，由此定力，令彼佛土一切有情，隨念皆得飲食充足。

隨住如是諸佛國土，若入具足勝精氣定，由此定力，令彼佛土一切有情，無不皆得增上力勢，離諸病苦。

隨住如是諸佛國土，若入上妙諸資具定，由此定力，令彼佛土一切有情，隨樂皆得牀座敷具、衣服寶飾，諸資身具，無所乏少，殊妙端嚴，甚可愛樂。

隨住如是諸佛國土，若入無諍智定，由此定力，令彼佛土一切有情，身心勇健，遠離一切怨憎繫縛，和順歡娛、愛樂具足，施、戒、安忍，勇猛精進，心無散亂，成就智慧。

隨住如是諸佛國土，若入能引勝踊躍定，由此定力，令彼佛土一切有情，皆受無量勝妙歡喜。

隨住如是諸佛國土，若入具足世路光定，由此定力，令彼佛土一切有情，得無礙智，能修種種清淨事業。

隨住如是諸佛國土，若入善住勝金剛定，由此定力，令彼佛土一切有情，皆得諸根具足無缺，常樂遠離，其心寂靜。

隨住如是諸佛國土，若入增上觀勝幢定，由此定力，令彼佛土一切有情，皆深呵厭自惡業過，咸善護持十善業道，生天要路。

隨住如是諸佛國土，若入具足慈悲聲定，由此定力，令彼佛土一切有情，皆悉發起慈心悲心，無怨害心，普平等心，更相利益安樂之心。

隨住如是諸佛國土，若入引集諸福德定，由此定力，令彼佛土一切有情，離諸鬪諍、疾疫、飢饉，非時風雨，苦澀辛酸，諸惡色觸，悉皆銷滅。如是大士，隨住如是諸佛國土，若入海電光定，由此定力，令彼佛土一切大地，眾寶合成；一切過患，皆悉遠離；種種寶樹，衣樹、器樹、諸瓔珞樹、花樹、果樹、諸音樂樹，無量樂具，周偏莊嚴。

以要言之，此善男子，於一一日每晨朝時，為欲成熟諸有情故，入殑伽河沙等諸定，從定起已，偏於十方諸佛國土，成熟一切所化有情，隨其所應，利益安樂。

此善男子，已於無量無數大劫，五濁惡時無佛世界，成熟有情；復於當來，過於是數。

或有世界刀兵劫起，害諸有情；此善男子，見是事已，於晨朝時，以諸定力，除刀兵劫，令諸有情互相慈愍。

或有世界疫病劫起，害諸有情；此善男子，見是事已，於晨朝時，以諸定力，除疫病劫，令諸有情皆得安樂。

或有世界饑饉劫起，害諸有情；此善男子，見是事已，於晨朝時，以諸定力，除饑饉劫，令諸有情皆得飽滿。

此善男子，以諸定力，作如是等無量、無邊、不可思議，利益安樂諸有情事。

此善男子，具足成就無量、無數、不可思議，殊勝功德，常勤精進，利益安樂一切有情。曾於過去無量、無數、殑伽沙等佛世尊所，為欲成熟利益安樂諸有情故，發起大悲、堅固難壞、勇猛精進、無盡誓願；由此大悲、堅固難壞、勇猛精進、無盡誓願、增上勢力，於一日夜或一食頃，能度無量百千俱胝那庾多數諸有情類，皆令解脫種種憂苦；及令一切如法所求，意願滿足。

隨所在處，若諸有情，種種希求憂苦逼切，有能至心稱名念誦歸敬供養地藏菩薩摩訶薩者，一切皆得如法所求，離諸憂苦，隨其所應，安置生天涅槃之道。

隨所在處，若諸有情，飢渴所逼，有能至心稱名念誦歸敬供養地藏菩薩摩訶薩者，一切皆得如法所求，飲食充足，隨其所應，安置生天涅槃之道。

隨所在處，若諸有情，乏少種種衣服寶飾，醫藥牀敷，及諸資具，有能至心稱名念誦歸敬供養地藏菩薩摩訶薩者，一切皆得如法所求，衣服寶飾、醫藥牀敷，及諸資具，無不備足，隨其所應，安置生天涅槃之道。

隨所在處，若諸有情，愛樂別離，怨憎合會，有能至心稱名念誦歸敬供養地藏菩薩摩訶薩者，一切皆得愛樂合會，怨憎別離，隨其所應，安置生天涅槃之道。

隨所在處，若諸有情，身心憂苦，眾病所惱，有能至心稱名念誦歸敬供養地藏菩薩摩訶薩者，一切皆得身心安樂，眾病除愈，隨其所應，安置生天涅槃之道。

隨所在處，若諸有情，互相乖違，興諸鬥諍，有能至心稱名念誦歸敬供養地藏菩薩摩訶薩者，一切皆得捨毒害心，共相和穆，歡喜忍受，展轉悔愧，慈心相向，隨其所應，安置生天涅槃之道。

隨所在處，若諸有情，閉在牢獄，杻械枷鎖，檢繫其身，具受眾苦，有能至心稱名念誦歸敬供養地藏菩薩摩訶薩者，一切皆得解脫牢獄、杻械、枷鎖，自在歡喜，隨其所應，安置生天涅槃之道。

隨所在處，若諸有情，應被囚執，鞭撻栲楚，臨當被害，有能至心稱名念誦歸敬供養地藏菩薩摩訶薩者，一切皆得免離囚執、鞭撻、加害，隨其所應，安置生天涅槃之道。

隨所在處，若諸有情，身心疲倦，氣力羸惙，有能至心稱名念誦歸敬供養地藏菩薩摩訶薩者，一切皆得身心暢適，氣力強盛，隨其所應，安置生天涅槃之道。

隨所在處，若諸有情，諸根不具，隨有損壞，有能至心稱名念誦歸敬供養地藏菩薩摩訶薩者，一切皆得諸根具足，無有損壞，隨其所應，安置生天涅槃之道。

隨所在處，若諸有情，顛狂心亂，鬼魅所著，有能至心稱名念誦歸敬供養地藏菩薩摩訶薩者，一切皆得心無狂亂，離諸擾惱，隨其所應，安置生天涅槃之道。

隨所在處，若諸有情，貪欲、瞋恚、愚癡、忿恨、慳嫉、憍慢、惡見、睡眠、放逸、疑等，皆悉熾盛，惱亂身心，常不安樂，有能至心稱名念誦歸敬供養地藏菩薩摩訶薩者，一切皆得離貪欲等，身心安樂，隨其所應，安置生天涅槃之道。

隨所在處，若諸有情，為火所焚，為水所溺，為風所飄，或於山巖、崖岸、樹舍，顛墜墮落，其心憧惶，有能至心稱名念誦歸敬供養地藏菩薩摩訶薩者，一切皆得離諸危難，安隱無損，隨其所應，安置生天涅槃之道。

隨所在處，若諸有情，為諸毒蛇、毒蟲所螫，或被種種毒藥所中，有能至心稱名念誦歸敬供養地藏菩薩摩訶薩者，一切皆得離諸惱害，隨其所應，安置生天涅槃之道。

隨所在處，若諸有情，惡鬼所持，成諸瘧病，或日日發，或隔日發，或三四日而一發者，或令狂亂身心戰掉，迷悶失念，無所了知，有能至心稱名念誦歸敬供養地藏菩薩摩訶薩者，一切皆得解脫無畏，身心安適，隨其所應，安置生天涅槃之道。

隨所在處，若諸有情，為諸藥叉、羅剎、餓鬼、畢舍遮鬼、布怛那鬼、鳩畔荼鬼、羯吒怛布那鬼、吸精氣鬼、及諸虎狼、師子惡獸，蠱毒厭禱、諸惡咒術、怨賊、軍陣、及餘種種，諸怖畏事之所纏繞，身心慞惶，懼失身命，惡死貪生，厭苦求樂，有能至心稱名念誦歸敬供養地藏菩薩摩訶薩者，一切皆得離諸怖畏，保全身命，隨其所應，安置生天涅槃之道。

隨所在處，若諸有情，或為多聞，或為淨信，或為淨戒，或為靜慮，或為神通，或為般若，或為解脫；或為妙色，或為妙聲，或為妙香，或為妙味，或為妙觸；或為利養，或為名聞，或為功德，或為工巧；或為花果，或為樹林，或為牀座，或為敷具；或為道路，或為財穀，或為醫藥，或為舍宅，或為僕使，或為彩色，或為甘雨，或為求水；或為稼穡，或為扇拂，或為涼風，或為求火；或為車乘，或為男女，或為方便，或為修福；或為溫暖，或為清涼，或為憶念，或為種種世出世間諸利樂事；於追求時為諸憂苦之所逼切，有能至心稱名念誦歸敬供養地藏菩薩摩訶薩者，此善男子，功德妙定威神力故，令彼一切皆離憂苦，意願滿足，隨其所應，安置生天涅槃之道。

隨所在處，若諸有情，以諸種子，殖於荒田或熟田中，若勤營務，或不營務，有能至心稱名念誦歸敬供養地藏菩薩摩訶薩者，此善男子，功德妙定威神力故，令彼一切果實豐稔。所以者何？此善男子，曾過無量無數大劫，於過數量佛世尊所，發大精進堅固誓願；由此願力，為欲成熟諸有情故，常普任持一切大地，常普任持一切種子，常普令彼一切有情隨意受用。此善男子，威神力故，能令大地一切草木，根鬚、芽莖、枝葉、花果，皆悉生長，藥穀、苗稼、花果茂實，成熟潤澤，香潔軟美。

隨所在處，若諸有情，貪、瞋、癡等，皆猛利故，造作殺生，或不與取，或欲邪行；或虛誑語，或麤惡語，或離間語，或雜穢語；或貪，或瞋，或復邪見十惡業道；有能至心稱名念誦歸敬供養地藏菩薩摩訶薩者，一切煩惱，悉皆銷滅，遠離十惡，成就十善，於諸眾生，起慈悲心及利益心。

此善男子成就如是功德妙定，威神之力，勇猛精進，於一食頃，能於無量無數佛土，一一土中，以一食頃，皆能度脫無量無數殑伽沙等所化有情，令離眾苦，皆得安樂，隨其所應，安置生天涅槃之道。

此善男子，成就如是如我所說，不可思議諸功德法，堅固誓願，勇猛精進，為欲成熟諸有情故，於十方界，或時現作大梵王身，為諸有情，如應說法；或復現作大自在身，或作欲界他化自在天身，或作樂變化天身，或作覩史多天身，或作夜摩天身，或作帝釋天身，或作四大王天身；或作佛身，或作菩薩身，或作獨覺身，或作聲聞身；或作轉輪王身，或作剎帝利身，或作婆羅門身，或作筏舍身，或作戍達羅身；或作丈夫身，或作婦女身，或作童男身，或作童女身；或作健達縛身，或作阿素洛身，或作緊捺洛身，或作莫呼洛伽身；或作龍身，或作藥叉身，或作羅剎身，或作鳩畔荼身；或作畢舍遮身，或作餓鬼身，或作布怛那身，或作羯吒布怛那身，或作粵闍河洛鬼身；或作師子身，或作香象身，或作馬身，或作牛身，或作種種禽獸之身；或作剡魔王身，或作地獄卒身，或作地獄諸有情身；現作如是等無量無數異類之身，為諸有情如應說法，隨其所應，安置三乘不退轉位。

善男子，如是大士，成就如是不可思議諸功德法，是諸殊勝功德伏藏，是諸解脫珍寶出處，是諸菩薩明淨眼目，是趣涅槃商人導首，如是乃至能無功用，轉大法輪，如前廣說。

善男子，假使有人於其彌勒、及妙吉祥、并觀自在、普賢之類而為上首，殑伽沙等諸大菩薩摩訶薩所，於百劫中，至心歸依，稱名、念誦、禮拜、供養、求諸所願，不如有人於一食頃，至心歸依，稱名、念誦、禮拜、供養地藏菩薩，求諸所願，速得滿足。所以者何？地藏菩薩，利益安樂一切有情，令諸有情所願滿足，如如意寶，亦如伏藏。如是大士，為欲成熟諸有情故，久修堅固大願、大悲，勇猛精進，過諸菩薩，是故汝等，應當供養。

（節錄自《大乘大集地藏十輪經》卷一）

附錄三

發大心文

清・龔定盦先生

震旦苦惱眾生某，稽首盡十方三世諸佛前：伏以人身難得，佛法難聞，我今得少善力，得生人中，正像云遐，末法現在，欲報大恩，須發大願，依經論說，行是車船，願是馬檝，有船無檝，難可到也。我自諸劫以來，佛加被我，佛教誨我，佛憶念我；我有眼根不見，耳根不聞，意根不覺，流轉生死，旋出旋沒，至於今生，今生更遲，何生可待？父母生我，善友教我，一切有情，咸加被我，況自諸劫來，若父若母若眷屬，或生天中，或生人中，或生畜生中、地獄中；我若不以今生坐大願船，自鼓願檝，盡諸後身，終成蹉忽，負恩無極，是謂枉得人身，虛聞佛法。是故欲修檀者（一本「檀者」作「布施」），發心為先；欲修羼提（一本「羼提」作「安忍」），發心為先；欲修尸羅（一本「尸羅」作「止得」），發心為先；欲修毗黎耶（一本「毗黎耶」作「精進」），發心為先；欲修禪那（一本「禪那」作「靜慮」），發心為先；欲修般若（一本「般若」作「智慧」），發心為先。我今先願斷種種心。何謂種種心？瞋心差別有三：曰嫉惡心，曰怨懟心，曰難忍辱心。貪心差別有三：曰樂世法心，曰羨慕心，曰憶世法心。癡心差別有五：曰善感心，曰纏綿心，曰疑法心，曰疑因果心，曰昏沉心。有境相應行心，有非境不相應行心；若廣分別言，則有八萬四千塵勞，皆起一心。我今誓發大心，凡生人倫，受種種惱，大心菩薩深知因果，各各有故，略可設說。

脫令我今世適發善念，欲入正受，即有魔事，不得成就，便當知前生善根微淺，嬈善友故。

脫令我今世出誠實言，而以愬人，人反譏笑，便當知我前世信根微淺，不聽它言故。

脫令我今生多受浮言，無情淺夫，或用見成言說而成謗論，便須知我前世處境亨泰，但能坐議，不察人世一切真實煩惱故。
脫令我今世於人有禮，人見凌侮，便須知我前生忍辱根淺，或加報復，或喜我慢，今迴報故。
脫令我今生如孩如提，純取真初而以待人，人（一本「人」作「大」）相機詐，受種種惱，便須知我前生閱歷太深，厚貌深中，今受報故。
脫令我今世既招謗議，復值嫌疑，難可解說，便須知我前生坐於堂上，身為理官，但據形迹故。
脫令我今世自細及巨，萬事萬狀，不得擇術直行，如頭欲前而足欲後，便當知我前生直截如意，平生處置，數言可了，不知它苦故。
脫令我今世進身坎軻，橫見貶抑，便須知我前生僥取榮利，貪賂罔法，不畏人王（一本「王」作「言」），不恥姍笑故。
脫令我今世種種處置，雖竭仁智，終無善局，便須知我前生害他眷屬，累其一生故。
脫令我今生於世間愛樂，百求無遂，凡所施作，垂成忽敗，便須知我前生於它若有仇若無仇，一切破壞故。

脫令我今生遇有惡緣，未可明言，便須知我前生誤作媒翳害它人故。

脫令我今世受無量冤讒，無量憂泣，不可明言，便須知我前生順遂享福過故。

脫令今生遇凶人暴辱，如豺虎行，便須知我前生無禮以凌人故。

復次諸佛，我若後身仍生人倫，或生此世界，或生餘世界，依雜華普賢說，東南西北世界，東西南北四角世界，上方下方世界，乃至盡毘盧遮那世界，皆當發心而正思惟。如遇它橫逆，應正思惟，生安受心；遇它機械，應正思惟，生憐他心；遇他作惡，應正思惟，生度他心；遇他冥頑，不忠不孝，不存血性，於家於國，漠然無情，應正思惟，生感動他心；遇他遏抑我，噬負我，皆正思惟，而生憐他心；遇他頑癡，應正思惟，生敬他心；遇他妬忌，生讓他心；遇他醜惡，應正思惟，生愛他心；乃至見他十惡五逆，亦將我心置他胸臆，而替他想，生種種憐他心，宥他心，度他心，乃至一切施不如願於我，我皆如是思惟，此我夙業，今生幸已受報，已償已訖，生自慶幸心。

復次諸佛，我若後身仍生天倫，若日天子，若月天子，若星辰天子，或生忉利天，或生須燄摩天，或生四天王天，或生他化自在天，乃至生諸梵天，乃至生五不還天，生色究竟天，皆當發心，憶見眾生，照見眾生。

我生天上，入於內院，值補處佛，佛已降時，最先請佛說法，佛涅槃時，受我最後法供，如純陀事，佛祐第一，當念世人不值佛世，或又遭遇滅法人王，我皆衍佛法緒而以度之。

我生天上，身有千頭，頭有千舌，舌有千義，氣足音宏，辯才第一，當念眾生冤枉蹇澀，若忠臣，若孝子，若賢婦、孝女、奴僕，種種屈曲繚戾，千幽萬隱，我皆化身替他分說而以度之。

我生天上，威德自在，尊嚴第一，當念眾生賤苦而以度之。

我生天上，寂然安隱，得諸三昧，陀羅尼門定慧第一，當念眾生或困色陰，或困想陰，種種顛倒，我施安隱而以度之。

我生天上，壽命第一，當念眾生朝有夕無，哭泣相續，我施壽命而以度之。

我生天上，安居第一，當念眾生或涉大水而困濤波，或從高山跌落，不得至地，心怖神飛，我當化身空中，為其接住而以度之。

我生天上，調適第一，當念眾生生惡毒瘡，種種苦病，或遇刀刃，或落半頭時，或斷手腳時，或刳腸胃及兩眼時，求死未死時，我皆分身而以度之。

我生天上，潔淨第一，當念眾生在於地獄，既受無量痛苦，仍在沸屎，受無量穢，我皆不憚親往而以度之。

我生天上，慧照天人，多聞第一，當念眾生少見寡聞，於一切處自疑自駭，我當令其倒心皆平，而以度之。

我生天上，久遠超出因明、內外五明，神明第一，當念眾生小聰小辨，世法多聞，或困名身，或困句身，或困文身，顛倒日夜，我先化身令其成就，然後解脫而以度之。

我生天上，春吐栴檀氣，夏吐芬陀利氣，秋吐蘭氣，冬吐須曼那氣，身長由延，端正第一，當念眾生現富單那形，鳩槃荼形，夜迦形，或人生中粗弊如畜，福力輕微，或生疣贅，五官不全，同倫譏厭，己亦厭苦，我當巧術而以度之。

我生天上，八萬四千微妙侍女，來相親娛，著微妙衣，出微妙聲，或以攜手為極樂，或以相笑為極樂，當念眾生困於粗重淫欲，不知厭苦，復有慧根男女，想陰熾盛，生諸疾病，種種粗細境界，我皆化作色身，為其成就如願，然後解脫而以度之。

我生天上，供養第一，當念貧窮眾生，我以法力取龍宮寶貝，或美衣食，而以度之。

復次諸佛，我若度人，當發大願心，先度此生父身、母身、眷屬身，再度曠劫以來，不可說不可說父身、母身、眷屬身；又當度此世一切知識我之身，又當度曠劫以來，不可說不可說知識我之身，又當度曠劫以來至於此世，與我有仇、有怨之身，乃至徧度曠劫以來，至於今世，若因緣，若增上緣，若等無間緣，若所緣緣，若有情而作緣，若無情而作緣，人所不見天眼乃見之身，依首楞說，十二類生，各各入其類中，而說法要而化導之。雖有化導化身勞苦，我實寂然，不出於定，安坐本所，不離三昧，身心如故。凡此所願，我實誓發，無虛誑心，所願佛加被我，佛證知我，佛提撕我，佛成就我，使我盡此一形，乃至千形萬形無量形，盡諸後有（一本「有」作「身」）。無凡夫障，無小乘障，無中乘障，無外道障，無魔民障，無魔王障。正念相續，正願相續，正知相續，正見相續，正行相續，我盡諸身，若毛髮，若肝腦，若頭目，而以作供，不作為報。我雖化身，橫盡虛空，豎盡來劫，作其塵沙，一一沙中，有一一舌，一一舌中，出一一音，而以讚佛，不能盡也。又以化身，豎盡來劫，橫盡虛空，作其塵沙，沙中一一舌，舌中一一音，而以勸人讚佛，不能盡也。世界無盡，佛力無盡，眾生無盡，一切法無盡，我願亦無盡。

南懷瑾文化出版相關著作

2014年出版

南師所講呼吸法門精要
劉雨虹／彙編

孟子與盡心篇
南懷瑾／講述

東拉西扯——說老人，說老師，說老話
劉雨虹／著

雲深不知處：南懷瑾先生辭世週年紀念
劉雨虹／編

禪海蠡測
南懷瑾／著

禪海蠡測語譯
南懷瑾／原著，劉雨虹／語譯

孟子與滕文公、告子
南懷瑾／講述

太極拳與靜坐
南懷瑾／講述

2015年出版

點燈的人：南懷瑾先生紀念集
東方出版社編輯群／編

金粟軒紀年詩
南懷瑾／原著，林曦／注釋

話說中庸
南懷瑾／著

孟子與萬章
南懷瑾／講述

孟子與離婁
南懷瑾／講述

孟子與公孫丑
南懷瑾／講述

2018年出版

南懷瑾與楊管北
劉雨虹／編

禪、風水及其他
劉雨虹／著

如何修證佛法（上下）
南懷瑾／講述

藥師經的濟世觀
南懷瑾／講述

懷師之師：袁公煥仙先生誕辰百卅週年紀念
劉雨虹／編輯

我的故事我的詩
南懷瑾／講述

洞山指月
南懷瑾／講述

百年南師——紀念南懷瑾先生百年誕辰
劉雨虹／編

新舊教育的變與惑
南懷瑾／著

禪與生命的認知初講
南懷瑾／講述

易經繫傳別講（上下）
南懷瑾／講述

道家密宗與東方神祕學
南懷瑾／著

中醫醫理與道家易經
南懷瑾／講述

對日抗戰的點點滴滴
南懷瑾／口述

2016年出版

孟子旁通
南懷瑾／講述

大圓滿禪定休息簡説
南懷瑾／講述

我説參同契（上中下）
南懷瑾／講述

人生的起點和終站
南懷瑾／講述

孔子和他的弟子們
南懷瑾／著述

漫談中國文化：企管、國學、金融
南懷瑾／講述

跟著南師打禪七：一九七二年打七報告
劉雨虹／編

2017年出版

瑜伽師地論 聲聞地講錄（上下）
南懷瑾／講述

靜坐修道與長生不老
南懷瑾／著

圓覺經略説
南懷瑾／講述

答問青壯年參禪者
南懷瑾／講述

説不盡的南懷瑾
查旭東／著

説南道北：説老人 説老師 説老話
劉雨虹／著

2019年

花雨滿天維摩説法（上下）
南懷瑾／講述

金剛經説甚麼（上下）
南懷瑾／講述

懷師的四十三封信
劉雨虹／編

2020年出版

禪宗新語
南懷瑾／著

楞嚴大義今釋
南懷瑾／著

懷師的四十八本書
劉雨虹／著

皇極經世書今説——觀物篇補結
閆修篆／輯説

談天説地：説老人、説老師、説老話
劉雨虹／著

2021年出版

照人依舊披肝膽 入世翻愁損羽毛——劉雨虹訪談錄
岱峻／編著

傳統身心性命之學的探討
南懷瑾／講述

一個學佛者的基本信念
南懷瑾／講述

一個學佛者的基本信念

建議售價・300元

講　述・南懷瑾

出版發行・南懷瑾文化事業有限公司

網址：www.nhjce.com

代理經銷・白象文化事業有限公司

412台中市大里區科技路1號8樓之2（台中軟體園區）

出版專線：（04）2496-5995　傳真：（04）2496-9901

401台中市東區和平街228巷44號（經銷部）

購書專線：（04）2220-8589　傳真：（04）2220-8505

印　刷・基盛印刷工場

版　次・2021年8月初版一刷

設計編印　白象文化

www.ElephantWhite.com.tw

press.store@msa.hinet.net

總監：張輝潭　專案主編：陳逸儒

國家圖書館出版品預行編目資料

一個學佛者的基本信念／南懷瑾講述．--初版．—

臺北市：南懷瑾文化事業有限公司，2021.8

面：　公分

ISBN 978-986-06130-2-5（平裝）

1.華嚴部 2.佛教修持

221.2　　110009617